U0583833

中共中央党校（国家行政学院）
马克思主义理论研究丛书

马克思恩格斯对
黑格尔历史观的批判与超越

MARX'S AND ENGELS' CRITICISM AND
TRANSCENDENCE OF HEGEL'S VIEW OF HISTORY

朱正平 ◎ 著

中国马克思主义研究基金会 资助

社会科学文献出版社
SOCIAL SCIENCES ACADEMIC PRESS (CHINA)

中共中央党校（国家行政学院）
马克思主义理论研究丛书
编委会

主　编　牛先锋

副主编　陈曙光　王中汝　薛伟江

成　员（按姓氏笔画排序）：

王　巍　　王虎学　　王海燕　　刘莹珠

李海青　　邱耕田　　辛　鸣　　张　严

张占斌　　赵　培　　唐爱军　　黄　锟

崔丽华　　蒋　茜　　韩庆祥　　魏静茹

出版前言

　　马克思主义是我们立党立国的指导思想。马克思主义科学理论指导是我们党鲜明的政治品格和强大的政治优势。任何时候，我们都不能淡化这个政治品格，都不能丢掉这个政治优势；任何时候，我们都要彰显这个鲜明的政治品格，都要发挥这个强大的政治优势。

　　中共中央党校（国家行政学院）是党中央培训全国高中级领导干部和优秀中青年干部的学校，是研究宣传习近平新时代中国特色社会主义思想、推进党的思想理论建设的重要阵地，是党和国家哲学社会科学研究机构和中国特色新型高端智库，是党中央直属事业单位。在习近平总书记的亲自关怀下，全体教职工在校（院）委领导下正致力于将中共中央党校（国家行政学院）建设成为党内外公认的、具有相当国际影响力的中国共产党名副其实的最高学府，建设成为在党的思想理论建设特别是在研究宣传习近平新时代中国特色社会主义思想上不断开拓创新、走在前列的思想理论高地，建设成为人才荟萃、名师辈出、"马"字号和"党"字号学科乃至其他一些学科的学术水准在全国明显处于领先地位的社会科学学术殿堂，建设成为对党和国家重大问题研究和决策提供高质量咨询参考作用的国家知名高端智库。

　　中共中央党校（国家行政学院）马克思主义学院是党中央批准成立的。2015 年 12 月 11 日，习近平总书记在全国党校工作会议上强调："中央批准中央党校成立马克思主义学院，就是坚持党校姓

'马'姓'共'之举。"① 习近平总书记的重要讲话和中共中央党校（国家行政学院）"四个建成"目标的提出，为我们建设好马克思主义学院指明了方向。

为了展示中共中央党校（国家行政学院）马克思主义学院学者政治过硬、理论自觉、本领高强、作风优良、建功立业的学术风范和最新研究成果，学好用好习近平新时代中国特色社会主义思想，推动中共中央党校（国家行政学院）马克思主义学院建成一流的马克思主义教学基地、一流的马克思主义研究高地、一流的马克思主义思想阵地，努力在国内乃至国际上产生重要的政治影响力、学术影响力和社会影响力，我们编辑出版了"中共中央党校（国家行政学院）马克思主义理论研究丛书"。

第一批丛书献礼新中国成立 70 周年，共出版 11 册，包括《探求中国道路密码》《对外开放与中国经济发展》《国家治理现代化的唯物史观基础》《中国道路的哲学自觉》《历史唯物主义的"名"与"实"》《马克思主义中国化的理论逻辑》《发展：在人与自然之间》《马克思主义基本原理若干问题研究》《马克思人学的存在论阐释》《新时代中国特色新型城镇化道路》《比较视野下的中国道路》，社会科学文献出版社 2019 年出版。该丛书被中共中央宣传部推荐参加了庆祝新中国成立 70 周年大型成就展。

第二批丛书共 12 册，包括《马克思主义经典著作与当代中国》《马克思主义政治经济学与当代中国经济发展》《马克思早期思想文本分析——批判中的理论建构》《出场语境中的马克思话语》《当代资本主义新变化——金融化、积累危机与社会主义的未来》《当代马克思主义若干问题研究》《中国道路与中国话语》《历史唯物主义的返本开新》《新时代中国乡村振兴问题研究》《被遮蔽的马克思精神哲学》《论现代性与现代化》《青年马克思与施泰因：社会概念比较研究》，社会科学文献出版社 2020 年、2021 年出版。

---

① 习近平：《在全国党校工作会议上的讲话》，人民出版社，2016，第 8 页。

　　马克思主义学院决定 2022 年继续组织出版第三批丛书。此批丛书共 6 册，包括《异化劳动与劳动过程：理论、历史与现实》《政党治理的逻辑——中国共产党治党的理论与实践研究》《身份政治的历史演进研究——以社会批判理论为视角》《西方马克思主义文化批判理论研究——"去经济学化"的视角》《马克思利润率趋向下降规律研究》《马克思恩格斯对黑格尔历史观的批判与超越》。

　　第一批、第二批丛书的顺利出版，得到了时任中共中央党校（国家行政学院）分管日常工作的副校（院）长何毅亭同志、李书磊同志和时任副校（院）长甄占民同志的大力支持。现在，第三批丛书将陆续出版，中共中央党校（国家行政学院）分管日常工作的副校（院）长谢春涛同志和副校（院）长李毅同志充分肯定本丛书的学术意义和社会价值，鼓励把它打造成享誉学界的品牌丛书。社会科学文献出版社社长王利民、该社政法传媒分社总编辑曹义恒及各册书的编辑也为丛书出版作出了重要贡献。在此一并感谢。

　　由于水平有限，错误之处在所难免，请读者批评指正。

丛书编委会

2022 年 8 月 26 日

前　言

　　马克思恩格斯思想与黑格尔哲学的关系问题一直是马克思主义发展史上的重要问题，也是西方思想史研究中的经典议题。学界对马克思恩格斯思想与黑格尔思想关系的研究，涉及自由观、辩证法、历史观等一系列具体问题。

　　从西方哲学史的视角来看，马克思恩格斯思想是从德国古典哲学走出的必然成果。黑格尔哲学作为传统西方哲学的集大成者，其丰厚的哲学内容为马克思恩格斯提供了思想前鉴，其哲学体系与方法也都在马克思主义理论创立与形成过程中起到重要作用。在西方思想史上，黑格尔站在现代社会视角，首次力图以彻底的思维与存在的统一性为原则，构建人类历史发展的整体性图景。马克思恩格斯把这一图景构建中的合理方法重置于经过解蔽的"资本主义社会－人类历史"的总体中，阐明了资本主义社会与人类历史总体进程的科学关系。

　　马克思恩格斯与黑格尔共同的问题域，直接源于德国当时的社会发展和历史道路问题。在这两种思想体系中，德国问题又经由不同路径获得超越，进展为世界历史的宏大视野。黑格尔集中考察了启蒙运动与法国大革命的历史，探索德意志民族实现自身发展的道路，进而阐述历史发展的一般形式与客观必然性，将历史进程视为自由意识的完成，回应了在落后的德国如何发展资本主义这一时代问题。同时，黑格尔在世界历史进程的意义上，提出"理性统治世界"的原则，这构成历史概念本质性维度的规定。马克思恩格斯发现了黑格尔哲学与人类社会发展具体阶段之间的内在联系，揭示出黑格尔历史观所反映的是软弱的德国资产阶级想革命又怕革命、既希望通过推翻封建制度发展资本主义又害怕在这一过程中日益觉醒的工人阶级对其反戈一击的现实状况，完成了德国资产阶级幻想改良道路的思想内核在历史论域中的哲学表达。

本书首先对黑格尔历史观进行探源，聚焦于黑格尔时代重要的历史事件，阐明黑格尔所面临的时代问题，并从黑格尔哲学整体体系出发，探究其历史观的内在逻辑依据。因此从 19 世纪初的德国状况出发，将更清晰地阐述黑格尔的哲学对德国问题的认识和哲学化过程。在这一过程中，黑格尔批判了以卢梭为代表的启蒙哲学家、以萨维尼为代表的历史法学家，同时汲取了古典政治经济学家的研究成果，对法国大革命对德国的意义及其世界史意义做出了分析，构成德国思想在 19 世纪初的高峰。同时黑格尔立足欧洲资本主义的蓬勃发展，回顾反思整个人类历史，完成了西方哲学发展史上集大成的哲学体系。在这一部分，本书重点探讨黑格尔哲学体系的内在逻辑，以及黑格尔的逻辑学和方法论原则与历史观之间的内在联系。

在此基础上，本书从历史主体理论、历史发展理论与历史认识论三方面入手，探讨马克思恩格斯对黑格尔历史观所进行的体系性的批判与超越。具体来看，马克思恩格斯在历史观问题上以劳动问题为核心与黑格尔哲学产生了直接的批判关系。因此由劳动主体论出发，马克思恩格斯阐明了唯物主义历史主体理论，进而在对人类物质生产过程的考察中提出科学的实践观，阐明历史发展理论；同时，伴随着对历史客观本质的发现，马克思恩格斯提出了科学的历史认识论。

从整体上看，马克思恩格斯所面对的社会现实较之黑格尔有着一定的差异性。差异在于：第一，资本主义的迅速发展所彰显的时代特征有所变化，体现于不同的社会面貌和人民生产生活状况，因此时代的进展不可不考虑；第二，马克思恩格斯面对着更为复杂的思想史背景。在黑格尔的时代，由于社会矛盾还未足够尖锐和凸显，或者说，资本主义的发展程度还未足以能够明晰化自身发展的道路与前景，因此新的社会矛盾较马克思恩格斯所处时代弱。在马克思恩格斯的现实进程阶段，资本主义发展更迅猛，封建桎梏、宗教残余日益显现出其保守性质，这决定了社会思潮的复杂化。在此种背景下，黑格尔哲学的发展状况更加暴露出其内部矛盾，通过青年黑格尔派与老年黑格尔派而展开。这使得马克思恩格斯对黑格尔哲学的批判关系不仅通过二者直接的理论议题的联系显现，而且表现于对时代问题的复杂解读之中。因此本书这部分的研究思路，从对时代进程的反思出发，立足此时英法社会发展状况，论述马克思恩格斯视域下德国问题的特殊性。在这一问题上，马克思恩格斯提出了不同于黑格尔及青年黑格尔派、老年黑格尔派的社会方案。资本主义的发展状况、德国问题的特殊阶段与性质构成马克思恩格斯理论思考的直接出发点，进而影响这一时期马克思恩格斯与黑格尔思想之间哲学对话的特定内容。

其对话内容上的特殊性，导致这一批判和超越过程必然内在地关涉到辩证法问题。在马克思的政治经济学研究中，他本人更是明确地提出了对黑格尔逻辑学的借用，对黑格尔的辩证法给予极大肯定。这里的问题在于，辩证法是不是黑格尔提出的一个可以无条件解剖事物结构和机理的公式，怎样看待辩证法之于马克思恩格斯思想和黑格尔哲学之间的差异，辩证法对于马克思恩格斯分析历史进程、分析资本主义实质及其发展的意义究竟是什么。因此本书这部分的研究着眼马克思恩格斯对资本主义生产关系的历史性的剖析思路，阐述其在历史研究方法论发展和建构上的思想进程。

目　录

第一章
黑格尔历史观的贡献与局限

　　黑格尔哲学的巨大功绩离不开贯穿其整个哲学的历史感，黑格尔对历史进程与现代社会的深刻把握完整呈现于其哲学体系中。黑格尔的历史感在哲学上的完成，首先得益于黑格尔所处的时代，即资本主义蓬勃发展的上升期。这一时代特征得以反映在黑格尔庞大的哲学体系中。换言之，黑格尔历史观即以理论形式概括的资本主义哲学观念。其次，黑格尔所面临的具体问题还在于，如何在四分五裂的德意志发展商品经济，让自由之光普照至落后的德意志民族。在黑格尔那里，德国问题具有世界历史的意义。绝对精神的展开立足于德国现实，但其视野却是世界历史范围的广阔视野，这正是对于资本主义发展的历史必然性的高度抽象的结果，历史于是表征为自由精神的世界征程，也因此构成绝对精神的实体性内容。面对欧洲资本主义革命与迅速发展的时代进程，黑格尔深刻反思启蒙运动与法国大革命的历史，探索德意志的自由出路。在黑格尔的自由观中，自由是绝对精神所完成的主观性与客观性的统一，从抽象普遍性向具体普遍性的演进过程。其具体体现为德意志民族经历宗教改革完成自由意识的主观性建构，并依靠封建君主制国家实行开明政治来发展资本主义。黑格尔的国家哲学正是当时力量弱小的德意志资产阶既希望推翻封建制度，同时又不能彻底与旧制度决裂这一历史局限性的体现。

第一节　黑格尔对时代问题的反思

在黑格尔所处的 18、19 世纪之交，德意志民族一直处于四分五裂的邦国状态。在这种状况下，法国大革命与英美经济的发展带给德国知识分子的冲击首先发端于政治领域，即首先需要回答的是"德意志在哪里"或"哪里是德意志"的问题。这并非任何形而上学意义上的抽象问题，而是国家实体的建构问题。如歌德所言，"我们没有一个城市，甚至没有一块地方可以使我们坚定地指出：这就是德国"①。国家问题贯穿于德意志百年战争史，直至 1834 年关税同盟的建立才使得分散的邦国初步在经济上连成一体。在这样的国家境况之中，从启蒙运动由法入德开始，历经狂飙运动，直至古典哲学，德国哲学都带有鲜明的德意志精神底色，即对政治上的分裂与腐朽的不满，因此正如有学者所言，"德意志的启蒙运动也就成为德意志民族运动的主要组成部分"②。黑格尔哲学同样在一定程度上继承德意志民族国家的精神传统，集中体现于其国家哲学中，形成了客观性原则与伦理内涵相结合的国家概念。

另外，黑格尔的时代也是欧洲经济、政治与文明的动荡与革新的时代，见证了包括法国大革命在内的诸多具有深刻的地域性乃至世界历史性意义的重大事件。民族问题固然是黑格尔哲学的直接问题对象，但是黑格尔哲学未局限于德意志国家与民族历史内部，而是将德意志的国家问题置于更加广阔的西方现代性进程的历史视野中加以思考。世界历史宏大背景使得黑格尔的思想来源显得尤为深远，甚至贯穿整个西方哲学史，以至于如黑格尔研究学者泰勒看到的那样，"在青年黑格尔的头脑里，德意志迫切地需要来一次再生，那次再生同时将是启蒙的自主理性的胜利，是古希腊精神之精华的

---

① 丁建弘：《德国通史》，上海社会科学院出版社，2007，第 7 页。
② 丁建弘：《德国通史》，上海社会科学院出版社，2007，第 115 页。

再生，是耶稣纯粹教导的回复"①，无论是近代启蒙运动，还是古希腊哲学传统，抑或宗教思想，都能在黑格尔哲学中追溯到亲缘关系。但是也正是世界历史之于现代化的进程，与其之于德意志民族国家的发展进程，这二者共同使得黑格尔哲学中诸多思想资源不复是其原貌。可以说，"黑格尔的哲学从整体上来说是历史哲学……甚至黑格尔的逻辑也被历史化"②，不仅如此，这一更新迭代的思想史批判进程，与其说是诠释学意义上的"解读的暴力"，不如说正是历史车轮的暴力。黑格尔哲学的基础与原则正是根植于他对时代进程的反思之中。

一　对法国大革命的反思

在黑格尔时代诸多重大历史事件中，最具影响力的无疑是法国大革命。法国大革命是继荷兰与英国之后的又一场资产阶级革命，一般认为以 1789 年 7 月 14 日巴黎群众攻占巴士底狱为开始标志，以 1830 年七月王朝的建立为彻底结束。这场革命推翻了法国君主制下的波旁王朝，贵族与宗教特权阶级受到新兴资产阶级摧枯拉朽式的冲击。同时，启蒙理性的自由思想在欧洲得到广泛传播，革命动摇了整个欧洲的封建基础。列宁评价法国大革命的深刻影响在于"这次革命给本阶级，给它所服务的那个阶级，给资产阶级做了很多事情，以至整个 19 世纪，即给予全人类以文明和文化的世纪，都是在法国革命的标志下度过的"③。因此对法国大革命的反思之于黑格尔整个哲学原则的构建有着前提性的意义。

法国大革命结束了法国一千多年的封建历史，并将自由观念传播到广大的欧洲地区，因而必然催生新一轮的资产阶级哲学的诞生。黑格尔哲学就是这一广泛思潮的一个典型。

---

① 〔加拿大〕查尔斯·泰勒：《黑格尔》，张国清、朱进东译，译林出版社，2012，第 71 页。
② 〔德〕阿伦特：《马克思与西方政治思想传统》，孙传钊译，江苏人民出版社，2008，第 8 页。
③ 《列宁选集》第 3 卷，人民出版社，2012，第 829 页。

　　黑格尔将法国大革命视为人类历史的首次精神觉醒，是世界精神从古希腊的梦想彼岸来到人间此岸的重大事件，是自古希腊就已经出现的世界精神原则的实现，即"理性统治世界"。黑格尔将法国大革命上升到世界意义的历史性地位，置于他的世界精神最终阶段的开端这一高度予以肯定，称之为"光辉灿烂的黎明"，一时间"一切有思想的存在，都分享到了这个新纪元的欢欣"①。

　　黑格尔看到法国大革命的积极意义在于以自由、平等的原则结束了封建制度对人的压迫和奴役。在革命之前，法国的社会不平等造成等级之间矛盾的加剧。当时法国社会分为三个等级，第一等级为教士，第二等级为贵族，第三等级总体来说为平民，具体又包括资产阶级、城市平民、农民三类。据统计，第三等级居民占当时法国总人口的98%以上。当时手工工场发展已经非常突出，里昂一地的丝织业就有6.5万名工人，居欧洲同业首位。第三等级没有特权，属于被统治阶级，总体来看第三等级中职业各异，但这一等级承担着全部国家税收。与此同时，教会与王室的腐败直接导致财政危机，筹款与国民议会的改良更加暴露国家机体的岌岌可危，最后革命爆发②。黑格尔将整个过程描述为自由意识的进程。首先是意志自由的原则对现行权利的反抗。法国的整个社会局面混乱不堪，"压在人民肩头上可怕的沉重的负担，以及政府罗掘俱空、无法筹款来供应朝廷挥霍"③ 是对理性原则的违背，由此导致"新'精神'开始活动"，第三等级要求加入国民议会，但是特权等级无论如何不肯放弃特权。最后，代表理性原则的思想打破了旧制度的国家机器：革命爆发。随后《人权宣言》作为革命的一个果实，使得自由精神作为法律固定下来，成为一切未来社会的原则，"一个同'公理'概念相调和的宪法成立了"④。

---

① 〔德〕黑格尔：《历史哲学》，王造时译，上海书店出版社，1999，第459页。
② 吕一民：《法兰西的兴衰》，三秦出版社，2005，第33～40页。
③ 〔德〕黑格尔：《历史哲学》，王造时译，上海书店出版社，1999，第458页。
④ 〔德〕黑格尔：《历史哲学》，王造时译，上海书店出版社，1999，第458页。

黑格尔对法国大革命的肯定就在于法国大革命是自由原则的体现。因此黑格尔的自由概念具有特定的内涵。自由首先意味着将人从封建制度的奴役之中解放出来，即对人对财产与生命的自由的肯定，这一含义可被视为直接来自对《人权宣言》核心原则的概括。在此基础上，黑格尔进一步指出，"'真实的自由'更需要工商业方面的自由——准许每个人无拘无束地运用他的能力，以及任何人都可以自由充任'国家'的大小官职"①。可见，黑格尔的自由原则是对新兴资产阶级诉求的全面表达，一方面是对发展工商业给予充分的权益保护，另一方面要求对资产阶级政治权利的承认。

黑格尔对法国大革命的思考还集中体现于对革命后期的恐怖统治的反思。雅各宾派统治时期，强烈的专制主义色彩使得法国大革命由理性走向非理性，甚至为法国遗留着"自觉不自觉地诉诸于专制主义的强制手段"②的隐性政治传统。黑格尔深入考察了这一历史过程，即自由如何会走向自己的反面，当自由从现实的方面走到非现实的抽象自由中，就会形成非理性的暴虐，"这多数人众由于腐化、由于旧的利害、由于一种堕落为放纵淫佚的自由和暴戾恣肆的热情，便成为不忠于德行了"③。

在黑格尔看来，恐怖统治表明历史发展偏离了自由原则的现实性，这种自由意识是一种抽象的原则，是对"自身拥有自由"这一事实的空洞直观，没有找到现实的自由道路。绝对自由与其说是以自由为原则，毋宁说根本不存在任何原则。同时，黑格尔将这一空洞直观的自由视为自由意识自我否定的一个必然的环节，是由理性向非理性的过渡，同时也就是向自由意识内在对立面的过渡。柯林伍德曾评价道："当我们说黑格尔的历史观点是一种理性主义的观点时，我们必须记得这一点，即他的理性主义是非常之奇怪的一种，

---

① 〔德〕黑格尔：《历史哲学》，王造时译，上海书店出版社，1999，第459页。
② 吕一民：《法兰西的兴衰》，三秦出版社，2005，第51页。
③ 〔德〕黑格尔：《历史哲学》，王造时译，上海书店出版社，1999，第462页。

因为它设想非理性主义的成分对于理性本身乃是带根本性的。"① 事实上，这正是黑格尔辩证自由观的体现。绝对自由表明这一至高宝座上的自由没有任何一种力量与之相抗衡，因此，自由由绝对的"有"过渡为绝对的"无"。在绝对的"无"中，现实力量表征为纯粹否定性的活动。纯粹的否定性的活动不是对自由事业的继续发展，而是无所建树。它不能从现实的对象中获得肯定的规定，因此抛弃一切对象，也就背离了革命最初的纲领性文件《人权宣言》所确立的自由理想。"意识并不能达成任何肯定性事业，它既不能达成语言上的普遍事业，也不能达成现实上的普遍事业；既不能完成有意识的自由所制定的法律和规章，也不能完成有意志的自由所实现的行动和事业"②，从而绝对自由成为自由原则的终结。如果说绝对自由能够有所作为，那么这种作为的实现就是死亡，死亡也是同样无意义的、无内容的纯粹的死亡。起初，绝对自由只是产生猜疑的心，最初的猜疑的心看似并不重要，但是对于猜疑的心的判定也来自与猜疑的心同样的主观意见。由此一来，"莫须有的嫌疑就多起来；德行一蒙嫌疑，就遭到诛责了。猜疑的心成为一个可怕的力量，把皇帝送到断头台上"③。于是猜疑代替罪过，从而嫌疑则被等同于实际的犯罪，"为对付这种深藏于单纯内心意图中的现实而采取的外在行动，就是干脆把这种存在着的自我或个人消除掉"④，于是猜疑的心最终动摇理性的客观标准，绝对自由的内在本性就爆发出来，即作为"否定性"活动的力量的死亡。但是这种"消除"的活动所消除的只是它的现实内容本身，即"它的存在本身"，即它的活生生的内容。绝对自由的恐怖在雅各宾派与吉伦特派的激烈斗争中胜出，将路易十六推上了断头台。黑格尔谴责这一行径是主观意见、"主观德行"

① 〔英〕柯林伍德：《历史的观念》，商务印书馆，1997，第 176~177 页。
② 〔德〕黑格尔：《精神现象学》下卷，贺麟、王玖兴译，商务印书馆，1979，第 133 页。
③ 〔德〕黑格尔：《历史哲学》，王造时译，上海书店出版社，1999，第 462 页。
④ 〔德〕黑格尔：《精神现象学》下卷，贺麟、王玖兴译，商务印书馆，1979，第 136 页。

的后果，是猜疑心的恐怖力量，"'主观的德行'的势力既然只建筑在意见之上，它就带来了最可怖的暴虐，它不经过任何法律的形式，随便行使权力，加在人身上的刑法也是同样简单——死刑"，"仅是一种意向，不需要任何公开的行为或者明白的表示，就可以判罪"①。

如果不对自由走向自己的反面这一历史过程进行深刻反思，那么就不能为其他国家的自由进程提供借鉴。黑格尔所面对的迫切问题在于，尤其要让德意志的现代化方案避免重蹈法国覆辙。对绝对自由所带来的恐怖统治所进行的详尽考察直接影响了黑格尔德意志国家方案的宏图设计。在黑格尔的自由理性的方案中，主观任意性正是客观精神所要竭力避免的非理性因素。同时，对自由理性的自我否定过程的反思，使得黑格尔更加确信自由必须以客观建制来规范，必须依赖法律与国家。

二　对德意志民族国家问题的思考

正在欧洲资产阶级革命如火如荼开展之际，德意志还处于四分五裂的邦国状态。这与英法等国形成鲜明对比，因此祖国统一是当时德意志思想家们共同面对的时代课题。经过反思法国大革命中绝对自由所导致的恐怖统治，黑格尔更加坚信国家与法的力量。

首先，国家是个人意志的归宿，是主观目的作用的客观结果。黑格尔继承了法国大革命宝贵的精神遗产：自由原则。历史发展的必然性就在于将个人从封建制度中解放出来，承认个人发展的自由权利。在封建制度被推翻之后，现代国家的建构被提到首要地位。一方面，个人自由被提到首要地位，任何外在的个人或组织都不被允许再次扼杀每个人的平等的个性。黑格尔认为个性的发挥依赖于个人的热情与个人利益的满足，无论何种历史业绩，最终都发端于个人意志，抑或个人欲望。虽然崇高的道德感情，诸如爱国心等，可以直接视为绝对理念的现实化，但是这种崇高理念在个人行动之

---

① 〔德〕黑格尔：《历史哲学》，王造时译，上海书店出版社，1999，第 462、438 页。

中只占据很小的影响力。与此相反，黑格尔发现现实社会中人是通过追求私利而行动的，"个别兴趣和自私欲望的满足的目的却是一切行动的最有势力的泉源"①。另一方面，法国大革命中的恐怖统治，也让人们感到自由如此吊诡的发展，呈现出"理性的狡计"。每个人都在追求个人目的的过程中，完全享受着无节制无限制的个性解放，但是总体的结果却反过头来成为扼杀个性的源头。无论这种个人欲望是否来自正直与善良的目的，主观意见在此无足轻重。无论如何宣称历史的目的是"各民族的福利"抑或"国家智慧与个人德性横遭宰割的屠宰场"，最后它都脱离出任何个人的掌控。直到每个人在这种绝对恐惧之中再次战栗，不得不妥协于一个外在的权威。这一过程似乎从形式上完全否定了革命的意义，人们又回到某种过去的时代。但是已经启蒙的自由意志不会无视革命的积极遗产。黑格尔深刻洞察到，自由的实现不在于放弃个性的发展，而在于重新恢复个性所得以发展的现实基础。这个现实基础就是国家。

黑格尔认为现代人与古代人的区别就在于，古代人盲从他人或某一权威，但是现代人则自己通过理性献身于一伟大的事业。黑格尔将个人的欲望和热情与作为绝对理念客观必然性的世界精神，这二者称为"世界历史的经纬线"。国家则构成经纬线的交点，即构成个人的热情与绝对观念的具体的统一。在国家之中，个人的热情才有现实的校准。如果个人的热情仅仅包含个人的特殊兴趣，那么还只是停留在主观性的方面，没有一个实在的对象或目的，而国家则提供个人目的的实在性。只有以国家目的为所有热情与意志的旨归，个人才能以这种实在的现实性决定自己的行动。由此，黑格尔将国家确立为主观目的的客观对象化的现实，反对盲目的无政府主义式的绝对自由。

其次，国家是绝对精神的客观存在，是"行走在大地上的神"。虽然国家是个人意志的客观对象化，是个人热情的最终校准，但是

---

① 〔德〕黑格尔：《历史哲学》，王造时译，上海书店出版社，1999，第21页。

黑格尔并不据此认为国家是通过个人意见自下而上建构的。相反，国家自身以理性为绝对原则。国家的稳定与发展代表着绝对精神在世界历史中的自我实现，因此理性是国家的更高规范。国家的理性原则就体现在，"假如人民的私利与国家的公益恰好是相互一致的时候，这个国家便是组织得法，内部健全，因为在这个时候人民的私利和国家的公益能够互相找到满足和实现"①。因此国家的持存本身，就体现绝对精神在个人热情与普遍目的之间获得现实的实在性。黑格尔指出，"在有思想的认识与意志的活动中，我便欲望普遍的对象——绝对的'理性'的实体。所以我们看出在客观方面——'概念'——和主观方面中间有一种在本身的结合。这种结合的客观存在就是国家"②。因此国家是普遍性与单一性的具体统一，是伦理理念的现实。

在《历史哲学》中，黑格尔着重从国家与个人意志的关系论证国家是客观普遍性的现实。个人意志统一于国家规定，并不等同于将国家视为个人意志的外在规定。国家是个人意志及其行动所带来的客观必然结果，因为国家本身就是内在的理性原则的实现，对于绝对理念来说，国家居于从属地位，是理念的工具。对于个别的主观的意志，国家是其普遍性的结合。黑格尔以建筑房屋举例，在个别意志上升为国家的过程中，正如每一砖瓦都是按照自己的本来性质而得到运用，承重的墙壁本身就是按照重力原则建构的，最后各种力相互作用形成完整的房屋。国家对于个别意志的整合作用也就相当于房屋对于材料的运用。那么如何看待个别意志中不以国家为根本目的的人性恶呢？黑格尔指出，道德的腐化是必然的现象，但是这些恶并不具有世界历史的意义。正如在建构房屋过程中，不合格的质料会被舍弃，那些"粗暴的和野蛮的欲望——不属于'世界历史'的场合和范围"③。

---

① 〔德〕黑格尔：《历史哲学》，王造时译，上海书店出版社，1999，第25页。
② 〔德〕黑格尔：《历史哲学》，王造时译，上海书店出版社，1999，第51页。
③ 〔德〕黑格尔：《历史哲学》，王造时译，上海书店出版社，1999，第29页。

　　在《法哲学原理》中，黑格尔从国家法、国际法、世界历史三个环节论述了国家如何实现绝对精神从特殊的民族国家到全人类的世界历史的进程。在国家法部分，黑格尔主要从国家与市民社会的关系、国家内部建制对国家作为伦理的现实性实存进行论证。黑格尔认为对于家庭和市民社会来说，国家通过权利与义务的规定实现对二者的规范，同时吸收了来自家庭与市民社会的世俗生活原则，"国家一方面是外在必然性和它们的最高权力，它们的法规和利益都从属于这种权力的本性，并依存于这种权力；但是，另一方面，国家又是它们的内在目的，国家力量在于它的普遍的最终目的和个人的特殊利益的统一，即个人对国家尽多少义务，同时也就享有多少权利"①。同时，黑格尔从维护君主立宪制度的保守立场出发，把孟德斯鸠的立法、司法、行政三权鼎立的思想改造为王权（单一）、行政权（特殊）和立法权（普遍）的结合。在行政权方面，黑格尔看到同业公会是经济活动的重要组织，被视为市民社会进行自我管理的产物，力图在行政权建构中融合同业公会与现有的官僚政治。

　　此外，黑格尔的行政权理论同样是对市民社会和国家的同一性的论证。具体来看，第一，区乡组织和同业公会负责人的混合选拔。黑格尔给出了两方面的规定：一方面，他们代表着一特殊领域的私有财产和利益；另一方面，服从于国家的最高利益。因此，选拔就由选举与最高当局批准、任命的混合方式完成。在国家普遍运行的原则方面，黑格尔对现有的等级要素进行了改造。黑格尔认为，等级要素使得普遍事务不仅自在地而且自为地获得实现。其中，普遍意识来源于公众的经验普遍性，并通过等级要素上升为自为自在的普遍事务的现实性。

　　经由对外主权的过渡，国家进入国际法的层面。在对外交往中，国家是国际关系的主体，对外主权的行使是对各特殊民族内部市民社会利益关系的保全，这样的行动同时形成了国际关系。在国际关

① 〔德〕黑格尔：《法哲学原理》，范扬、张企泰译，商务印书馆，1961，第297页。

系中，各个国家又成为特殊性存在。在第一个阶段，国家作为普遍性调节市民社会与家庭领域的个别利益冲突。在第二个阶段，国家由前一阶段的普遍性过渡为特殊性存在。正如在第一个阶段特殊性最终形成普遍性，才达到伦理的现实，在国际关系中，各国家的特殊利益的相互作用，推动国际法上升到更高的阶段，从而扬弃第二个阶段的特殊性原则。这一最终的阶段就是世界历史。

在世界历史这一最终环节中，国家代表着民族精神，构成世界精神的具体内容。通过国家形式所发展的民族精神，并不同于最初的民族。最初的民族由于没有在法律等客观规定中普遍地承认个人，不具有主权，也就不能参与到世界历史这一最终阶段。相反，民族精神的固定形式必须通过国家才能加以考察，国家构成民族形式的实体性存在。从民族精神融入绝对精神这一历程来看，国家也从普通意义上的民族国家成为"世界历史的王国"。在世界历史的王国中，民族精神经历了对自身认识的完成，亦即"作为精神，它不外是它的积极运动，以求绝对知道自己，从而使它的自我意识从自然直接性的形式中解放出来，而达到它自己本身"①。黑格尔提出"世界历史的王国"遵循四个发展原则，也是四种考察依据、划分依据：第一是最初的实体性形态，第二是美的伦理性的个体原则，第三是抽象的普遍性形态，第四是思想与现实无限统一的形态。根据这四个原则，黑格尔将世界历史划分为四种王国：东方、希腊、罗马和日耳曼。

可见，黑格尔将国家视为绝对精神的实体性存在，与世界历史的考察是相互统一的。国家具有自身民族精神的发展道路，这些发展道路本身亦即世界精神的进程抑或轨迹。因此，国家经由自身作为世界精神的实体性存在，决定了国家也是世界历史进程的现实主体。

最后，国家是世界历史进程划分依据与主体。黑格尔指出，"'国家'便是人类'意志'和它的'自由'的外在表现中的'精神

---

① 〔德〕黑格尔：《法哲学原理》，范扬、张企泰译，商务印书馆，1961，第404页。

观念'。历史形态上的变迁是和国家相连结而不可分解的"①，对民族国家的发展程度的考察，也就是揭示世界精神在历史进程中的发展阶段。在《历史哲学》中黑格尔正是根据国家形态对世界历史做出划分。黑格尔的历史哲学共分为"四部"，第一部为东方世界，第二部为希腊世界，第三部为罗马世界，第四部为日耳曼世界。这四部同时也是世界精神发展的四个阶段。

第一阶段东方世界是自然产生的，还未达到反思的意识。黑格尔是以欧洲的历史进程为蓝本来进行论述的。黑格尔认为无论依据家长制或者宗教神权，都没有固定下来的法律，在东方国家中，只有君主是自由的，但这并非真正的自由。例如在谈到古代中国时，黑格尔指出"在我们西方，大家只有在法律之前和在对于私产的相互尊重上，才是平等的；但是我们同时又有许多利益和特殊权限，因为我们具有我们所谓自由，所以这些权益都得到保障。在中华帝国内就不同了，这种特殊利益是不被考虑到，政令是出于皇帝一人"②，可见黑格尔从私有制出发肯定人的自由平等，并进一步依据由此所引出的客观性概念。在这样的君主制国家中，只有君主一人是自由的，但这只是形式上的自由，还不是真正的自由，因为这种自由依据的是主观性与任意性。又如在论述印度时，黑格尔认为西方中世纪国家虽然也是宗教国家，但是允许人们自由地成为僧侣从而改变自身的阶级，但是在印度，宗教却来源于人们的自然状况，个人的自然出身背景决定了他的社会地位与阶级，因而印度国家也是停留在自然意识的阶段。第一阶段向第二阶段的过渡是由于埃及精神中集中体现了这一世界精神最初阶段的巨大障碍，亦即无知，因而埃及成为波斯第一大省之后，覆灭于希腊王国。波斯帝国的覆灭正是世界精神由最初形态向美的形态的过渡，亦即希腊文明登上世界历史舞台的必然性。

第二阶段是希腊世界。黑格尔将希腊比作世界精神的"青年时

---

① 〔德〕黑格尔：《历史哲学》，王造时译，上海书店出版社，1999，第49页。
② 〔德〕黑格尔：《历史哲学》，王造时译，上海书店出版社，1999，第131页。

代"。在希腊国家中，普遍的道德与个性相结合，因此符合美的伦理原则。希腊的艺术品正是体现了作为客观性的道德与作为主观性的个性与意志的统一。希腊王国的缺陷在于，道德本身也像东方国家一样不是经由反思形成的，而是对包括国王与臣民在内的日常习俗的总结，因此是天然的道德，不是真正的道德。希腊精神的衰落表征着天然道德在各个国家的腐化，统治阶层为自私自利而放荡淫逸，导致国内派系林立，国际上危机重重，因而本国利益受到损害，这必然导致希腊文明的衰落，取而代之的是罗马世界。

第三阶段罗马世界是世界精神的"壮年时代"。对比希腊世界，罗马世界中国家意识初步地显现在人们的意识中，因此罗马世界与希腊世界不同，罗马将希腊精神中自由欢畅的普遍意识上升到国家中，使之凌驾于个人之上，因而形成抽象的普遍性。如果说希腊是以普遍原则对个体在世俗生活中的承认，那么罗马精神则要求个人首先服从国家的普遍目的，为国家献身而牺牲个性，这一点就体现于贵族与人民的对立。因此罗马只是实现了部分人的自由，而不是全体人民的自由。最初的罗马时期个性通过私产获得承认，但是罗马进一步走向自己的反面，通过集权向外扩张。在势不可遏的对外战争中，罗马走向解体。正是在最后这一时期，日耳曼民族登上历史舞台。

第四阶段为日耳曼时代，亦即世界精神的最后阶段。黑格尔称日耳曼民族为世界精神的"老年时代"，不同于自然界对老年的定义，在世界精神的发展中，日耳曼民族完成了世界精神最丰满的最终阶段。在这一最终阶段，世界精神经历了自己的漫长历程又回归于自身。日耳曼世界是内在性原则与外在性原则的统一，即人们内心的信仰与国家的统一，国家成为人的内在性的现实，同时，国家是人们在社会与家庭生活中的诸原则的承认，以法律形式完成了具体的普遍性的原则，在国家中实现个人的自由，因此国家就是伦理现实，亦即世界精神的最后完成。

第二节　绝对精神构成历史的本质

黑格尔在评价法国大革命时曾经指出，法国大革命使得人们第一次认识到世界精神的现实力量，是"理性统治世界"这一根本原则所获得的划时代的进展，即世界精神经历了漫长的意识诸种形态的演进而进入理性自我实现的最终阶段。在这一最终阶段，"'神圣的东西'和'世界'的调和现在首次完成了"①，"神圣的东西"也即绝对精神，"世界"即现实的历史进程，历史则是绝对精神的本质致力于自身现实化的结果。只不过在过去的漫长历史进程中，自我意识还没有意识到自己就是绝对精神的本质，而只有进展到当代，自我意识才在完全意识到自身的意义上前进至绝对精神的阶段，因此人们终于看到理性原则的现实性，"人类才进而认识到这个原则，知道'思想'应该统治精神的现实"②，因此在黑格尔那里，只有理解绝对精神的内在原则，才能进一步理解历史的全部内容。

恩格斯评价"黑格尔的思维方式不同于所有其他哲学家的地方，就是他的思维方式有巨大的历史感作基础。形式尽管那么抽象和唯心，他的思维发展却总是与世界历史的发展紧紧地平行着"，黑格尔对历史的洞见并非局限于纯粹历史学科领域，更不囿于一部《历史哲学》中。这里的历史感主要地来源于两个方面：第一，黑格尔的哲学并非空洞的理论，而是以理论形式对时代特征的深刻把握；第二，黑格尔的历史观内在于其思想体系，历史研究方法与其哲学方法具有内在统一性。因此也可以说，"如果没有对黑格尔整体哲学方法某种程度上的把握，想要理解他的历史哲学是不可能的"③。综观黑格尔哲学，作为具体历史是历史哲学与精神的外化。历史哲学作

---

① 〔德〕黑格尔：《历史哲学》，王造时译，上海书店出版社，1999，第459页。
② 〔德〕黑格尔：《历史哲学》，王造时译，上海书店出版社，1999，第459页。
③ 〔英〕M. C. Lemon（莱蒙）：《历史哲学：思辨、分析及其当代走向》，毕芙蓉译，北京师范大学出版社，2009，第292页。

为精神哲学的一个分支，与自然哲学一起构成逻辑学的应用部分。可见黑格尔的哲学体系与原则构成其历史观的逻辑前提。

一 黑格尔历史观的逻辑学依据

在通常理解中，人们往往认为历史是个别现象的集合。对历史的认识诚然是以感性经验为开端的，黑格尔所要反对的不是感性经验本身，而是对感性经验的理解所造成的对真理认识的遮蔽。"在历史真理方面，如果为论述简便只就其纯粹历史性的东西而言，则人们很容易承认历史真理所涉及的是个别的客观存在，是一种带有偶然性和武断性的内容，是这种内容的一些非必然的规定。"① 这样一种认识毋宁说是取消了历史的客观性，将历史解构为个别事件在时间中的顺次出场，各事件之间只具有一种外在的、表象的联系。这一认识又会导致这样一种历史研究方法：通过对个别事件进行抽象以建立外在的联系。黑格尔区分了外在规定亦即外在必然性与内在必然性，外在必然性属于表象领域，内在必然性则指事物产生变化的原因，即使得事物"是其所是"的内在根据。

黑格尔的普遍性概念既包含事物的表象，又是事物表象得以形成的根据。所以，普遍性本身并不随着有限事物的变化而消失，毋宁说是永恒存在。在事物的表象中，外在必然性与内在必然性相互统一，因为外在必然性可被视为发展了的抑或实现了的内在必然性。"外在的必然性，如果我们抛开了个人的和个别情况的偶然性，而以一种一般的形式来理解，那么它和内在的必然性就是同一个东西，即是说，外在的必然性就在于时间呈现它自己的发展环节时所表现的那种形态里。"② 因此，也可以说，通常所理解的历史只是事物在时间中的表象，是外在必然性的集合。显然这种历史，并非黑格尔

① 〔德〕黑格尔：《精神现象学》上卷，贺麟、王玖兴译，商务印书馆，1962，第29页。
② 〔德〕黑格尔：《精神现象学》上卷，贺麟、王玖兴译，商务印书馆，2015，第4页。

所说的真正的历史。

在黑格尔看来，哲学进入近代以来，这种遮蔽尤为严重，甚至完全取代了真理问题本身。近代哲学的认识论转向不是更贴近了哲学本身的目的，而是偏离了思想应当追求的对象，"现时哲学观点的主要兴趣，均在于说明思想与客观对立的性质和效用，而且关于真理的问题，以及关于认识真理是否可能的问题，也都围绕思想与客观的对立问题而旋转"①。与此相对照，古代哲学的直接性的优势就得以凸显，古代哲学是从认识与对象相符，亦即认识必然具有客观性这一前提出发的。

客观性是在认识真理的过程中实现的，而在以往哲学中，客观性本身被设定为认识与客观对象的相符，进而先行划定思维与客观对象的对立。黑格尔哲学的真理性原则正是面对此问题而提出的。

在黑格尔看来，以往哲学在逻辑上先行设定了认识活动与客观性本身的对立，这一对立有两种表现：第一，客观性作为思维对象的属性与思维相对立，即"认为思维规定只是主观的，永远有一客观的对象和它们对立"②；第二，思维规定是有限的，而有限性规定之间相互对立，因此与客观性相对立，即"认为各思维规定的内容是有限的，因此各规定间即彼此对立，而且更尤其和绝对对立"③。关于客观性问题的讨论则要解决上述对立，由此产生出思想对客观性的三种态度。黑格尔对此进行了逐一批判。

第一态度为形而上学。黑格尔认为，形而上学的缺陷在于将知性思维运用于无限的认识对象。知性与理性的区分得益于康德哲学的贡献，"知性以有限的和有条件的事物为对象，而理性则以无限的和无条件的事物为对象"④。可见运用知性只能停留于事物的有限性，而不能达于无限的本质。形而上学则将有限规定当作真理（抑

---

① 〔德〕黑格尔:《小逻辑》，贺麟译，商务印书馆，1980，第93页。
② 〔德〕黑格尔:《小逻辑》，贺麟译，商务印书馆，1980，第93页。
③ 〔德〕黑格尔:《小逻辑》，贺麟译，商务印书馆，1980，第93页。
④ 〔德〕黑格尔:《小逻辑》，贺麟译，商务印书馆，1980，第127页。

或本体、上帝等认识的终极对象）本身的性质，换言之，将事物的特性直接地肯定为客观认识。知性对真理本身的讨论则陷于诸如简单或复杂、单一或全体等一系列对立之中，从而始终"停留在有限的规定里，并且认这些有限规定为究竟至极的东西"①。而有限规定之间的对立就立即表明，任何有限规定都是片面而非客观的。因此，形而上学没有通过个别的有限事物达到有限事物的全体的认识，抑或只是达到抽象同一的全体，而始终没有认识到"片面的东西并不是固定的、独立自存的东西，而是作为被扬弃了的东西包含在全体内"②。因此，形而上学的缺陷在于不能扬弃知性的对立，因而停留在片面规定性与抽象同一性中。

第二态度包括经验主义与批判哲学。二者之所以一同归为第二态度，是因为二者均是针对形而上学的抽象性之弊，而深入对具体事物的考察中。不同的是，前者对具体事物的属性予以肯定，进而等同于客观性，即"意识从知觉里得到它自己的确定性和直接当前的可靠性"③；后者则对具体事物的属性予以否定，从而与客观性绝对地区别开。经验主义的缺陷就在于，停留于对有限事物的知觉中，而不能"在被知觉的个别事物中去寻求有普遍性和永久性的原则"④。在康德的批判哲学中，没有对知性本身的有限性进行说明，同时，对于理性的考察，则是依据经验的反思，而没有从思维本身说明思维各环节之间的必然联系。因此，虽然康德正确指出客观性在于思维自身的绝对内在性，但是没有将思维的形式规定与具体内容相统一。因而康德对客观性的理解停留于形式上的抑或原则上的建构，"至于思维如何自身规定，自身规定到什么程度，康德并无详细指示"⑤。

第三态度为直接知识论。所谓"直接性"，即认为无限的、无条

---

① 〔德〕黑格尔：《小逻辑》，贺麟译，商务印书馆，1980，第 97 页。
② 〔德〕黑格尔：《小逻辑》，贺麟译，商务印书馆，1980，第 101 页。
③ 〔德〕黑格尔：《小逻辑》，贺麟译，商务印书馆，1980，第 112 页。
④ 〔德〕黑格尔：《小逻辑》，贺麟译，商务印书馆，1980，第 113 页。
⑤ 〔德〕黑格尔：《小逻辑》，贺麟译，商务印书馆，1980，第 151 页。

件的认识对象直接与有限事物全体等同。直接知识与其说以独断的
方式将有限性包含进无限性之中，毋宁说还没有进入有限性之中。
因此，直接知识论的缺陷在于，"对于认识内容无限的东西时，便放
弃一切方法"①，因而不能扬弃有限性的内部联系，不是通过有限事
物进展到无限对象，而是退回到抽象同一性之中。

　　由上可见，在黑格尔看来，以往哲学的缺陷不在于提出了认识
的客观性问题，而在于错误地理解了客观性概念。如果从思维与对
象相符合的问题出发，进而讨论思维如何克服主观性与有限性，那
么思维与客观性则始终处于对立之中。无论将客观性理解为思维抑
或思维对象的属性，都不能将二者统一起来，进而使得客观性不是
从认识本身、思维本身出发的规定，而成为一个外在于认识过程的
问题。

　　认识能力与认识活动的原则取决于认识对象的性质，因此黑格
尔对被客观性问题所遮蔽的真理性问题做出了阐明。黑格尔提出，
认识的本质在于真理性，这一过程也即思维的自由本性获得实现的
过程，而"所谓自由，即从一切'有限'事物中摆脱出来"②，以达
到真正的无限性。在关于认识的客观性问题的讨论中，客观性被理
解为"坏的无限性"，亦即"恶的无限性"。所谓"恶的无限性"，
即"某物成为一个别物，而别物自身也是一个某物，因此它也同样
成为一个别物，如此递推，以致无限"③。有限存在或为"某物"，
或为"别物"，而某物与别物之间，并无内在的联系，因此相互独
立，相互外在。列宁曾对此评注，"'恶无限性'是这样一种无限
性，它在质上和有限性对立，和有限性没有联系，和有限性隔
绝"④。因此，"恶的无限性"的本质就在于未能扬弃有限性，即
"有限事物仍然重复发生，还是没有扬弃"⑤。

　　① 〔德〕黑格尔：《小逻辑》，贺麟译，商务印书馆，1980，第171页。
　　② 〔德〕黑格尔：《小逻辑》，贺麟译，商务印书馆，1980，第172页。
　　③ 〔德〕黑格尔：《小逻辑》，贺麟译，商务印书馆，1980，第206页。
　　④ 《列宁全集》第55卷，人民出版社，2017，第95页。
　　⑤ 〔德〕黑格尔：《小逻辑》，贺麟译，商务印书馆，1980，第206~207页。

作为认识的真理性之所在，"真正的无限性"与有限性的关系构成一种内在的扬弃关系。黑格尔从两个方面阐述了"真正的无限性"。

其一，从过程上来看，"真正的无限性"作为有限性的扬弃，不仅是有限性的否定，而且是有限性的肯定。"恶的无限性"又被黑格尔称为"否定的无限"①，这里的"否定"，即指无限性与有限性的抽象对立，将无限性与有限性绝对地相互区别，而真正的无限性则是在有限性自身之内被规定的。某物之所以为有限存在，"是指那物有它的终点，它的存在到某种限度为止，即当它与它的对方联系起来，因而受对方的限制时，它的存在便告终止"②，可见，他物在作为某物的否定性的同时，这种否定性构成某物的内在规定性，因而别物的存在同时就成为对其自身的肯定。在这个意义上，别物只是某物内在矛盾的肯定性，亦即"在否定其自身又保持其自身的过程里，它们感觉到这种矛盾实际存在于它们自身中"③。由此，"真正的无限性"就从单纯的否定性上升为包含肯定性的否定性，即无限性是对有限性的扬弃。

其二，从结果上，抑或完成形式上来看，"真正的无限性"构成有限性的全体，即具体的普遍性。在黑格尔看来，仅仅认识到事物包含矛盾依然没有扬弃事物本身，在"恶的无限性"中同样包含对事物矛盾存在的理解，其弊端则在于某物与他物作为矛盾仍然处于外在对立中，"有限之物既是某物，又是它的别物"④。而在"真正的无限性"中，某物"潜在地就是它自己的别物，因而引起自身的变化。在变化中即表现出定在固有的内在矛盾。内在矛盾驱迫着定在不断地超出自己"⑤，即某物在内在的矛盾运动中产生出别物，从而在别物的存在之中就包含某物的存在。正如黑格尔在批判经验主

① 〔德〕黑格尔：《小逻辑》，贺麟译，商务印书馆，1980，第206页。
② 〔德〕黑格尔：《小逻辑》，贺麟译，商务印书馆，1980，第97页。
③ 〔德〕黑格尔：《小逻辑》，贺麟译，商务印书馆，1980，第149页。
④ 〔德〕黑格尔：《小逻辑》，贺麟译，商务印书馆，1980，第207页。
⑤ 〔德〕黑格尔：《小逻辑》，贺麟译，商务印书馆，1980，第206页。

义时曾尖锐地指出，"普遍性与一大堆事实却完全是两回事"①，后者即为抽象同一性，是有限事物的无穷递进，与此相反，普遍性则是包含事物差别于自身之内的具体统一性。

那么，在黑格尔那里，按照真正的无限性的原则，认识过程如何实现真理性呢？一方面，在客体的方面，思维本身即事物的本质。所有事物的有限定在皆由于其内在本性的运动而得到扬弃，"思想不但构成外界事物的实体（Subatanz），而且构成精神性的东西的普遍实体"②。感性经验通过思维而扬弃自身过程，亦即事物本性获得实现的过程，前者构成经验表象，后者为其内在根据。另一方面，从主体的方面来看，主体通过思维的外化活动，对经验表象予以加工改造，从而使得事物的本质进展为现实存在。在黑格尔看来，思维对对象是一种主动的关系，并由于这种主动的关系，思维才得以将事物的本性外化为现实存在。"思维本质上就是对当前的直接经验的否定"③，仅仅通过感知和观察，是无法发现事物本性的，只有经由思维的否定作用，直接经验才不复是其最初表象，即"对经验世界加以思维，本质上实即是改变其经验的形式，而将它转化成一个普遍的东西"④。这一"普遍的东西"在思维的进程中，便同时扬弃主观意识的抽象性与感性经验之间的彼此外在性。由此，事物的内在普遍性得以实现，"我思"的主观性与抽象性得以扬弃，进展为"在他物中即是在自己本身中、自己依赖自己、自己是自己的决定者"⑤ 的全体，即自在自为的绝对理念。

黑格尔既反对对于纯粹思维的抽象反思，又反对直接将经验对象的性质认作真理本身。因此，对于感性经验的扬弃，是通过绝对精神的扬弃活动完成的，在这个意义上，经验是暂时性、有限性的领域，而历史本身既不能脱离感性经验，又不等同于直接的经验与

① 〔德〕黑格尔：《小逻辑》，贺麟译，商务印书馆，1980，第 116 页。
② 〔德〕黑格尔：《小逻辑》，贺麟译，商务印书馆，1980，第 80 页。
③ 〔德〕黑格尔：《小逻辑》，贺麟译，商务印书馆，1980，第 52 页。
④ 〔德〕黑格尔：《小逻辑》，贺麟译，商务印书馆，1980，第 137 页。
⑤ 〔德〕黑格尔：《小逻辑》，贺麟译，商务印书馆，1980，第 83 页。

知性认识，而是绝对精神在经验中将自身显现出来所构成的永恒的、不逝的存在。这一原则使得黑格尔与经验主义相区别，为其批判经验主义从而重建历史原则提供了认识论的前提，亦即如果不能先行地阐明绝对精神对感性经验的扬弃，则会导致从"真正的无限性"向旧形而上学的"恶的无限性"的倒退，从而无法进入历史的本质性维度。

二　历史是绝对精神外化形成的经验世界

黑格尔认为历史发展的动力来自绝对精神作为普遍理性的内在能动性，"所谓'真正的善'——'普遍的神圣的理性'，不是一个单纯的抽象观念，而是一个强有力的、能够实现它自己的原则"①。在绝对精神自身看来，精神是概念的自我矛盾运动。黑格尔哲学中的"概念"一词具有特定的含义，用来表述本质与实存的统一，从而有别于"单纯的抽象概念"。单纯的抽象概念只是在具体事物中的简单对应关系，或者如柏拉图那样建构出直接的生产关系。而在黑格尔看来，概念固然是具体事物产生与变化的原因，但是必须历经否定性的过程，经历"否定物的严肃、痛苦、容忍和劳作"②。通过对象性本质并在对象之中认识到自身的概念，即"在它的具体存在里对它自身而言是自身反映了的对象"③，实现与自身的绝对本质同一，与精神同一。对精神的全部本质的认识，就是绝对精神展开为世界历史的过程。因为概念的本性就是自我本质的外化与实现，只有通过全部的经验世界的考察，才能认识绝对精神自身。

如果单纯将绝对精神认作历史的本质，立即又会使人们产生一种误解，即通过认识作为概念体系的绝对精神，就可以把握历史的本质。但是黑格尔强调，不应当把绝对精神视为认识的终点抑或现

---

① 〔德〕黑格尔：《历史哲学》，王造时译，上海书店出版社，1999，第38页。
② 〔德〕黑格尔：《精神现象学》上卷，贺麟、王玖兴译，商务印书馆，1962，第13页。
③ 〔德〕黑格尔：《精神现象学》上卷，贺麟、王玖兴译，商务印书馆，1962，第17页。

成的结论，"真理就是它自己的完成过程，就是这样一个圆圈，预悬它的终点为目的并以它的终点为起点，而且只当它实现了并达到了它的终点它才是现实的"①。这意味着必须从它的过程性上，从其活生生的自我展开的历程之中进行把握。因此，精神不应当仅仅被理解为纯粹自为的概念体系，而忽视精神对于感性经验的把握。在黑格尔看来，"事情并不穷尽于它的目的，而穷尽于它的实现，现实的整体也不仅是结果，而是结果连同其产生过程；目的本身是僵死的共相，正如倾向是一种还缺少现实性的空洞的冲动一样；而赤裸的结果则是丢开了倾向的那具死尸"②。因此，对历史的考察是通过经验世界本身的考察，认识到经验进程本身就是绝对精神的外化，经验过程的全体就是绝对精神的全体。

黑格尔曾经批判古代哲学，尤其是柏拉图哲学，是以思维与思维对象、概念与实存的直接统一性为逻辑出发点的。相对于近代哲学对于认识能力的纯粹思维的讨论，黑格尔肯定古代哲学的积极意义在于，概念具有其实体性内容，这是相对于近代哲学来说的原始优势。但是，直接统一性并没有将现存事物的变化与发展的全体过程呈现出来，最终导致概念与实存成为一一对应的彼岸世界与此岸世界。换言之，在直接统一性中，实存的感性经验没有在自身发展中得到说明，那么概念体系毋宁说就是一种外在的抽象规定性。那么在黑格尔看来，从精神自身发展的过程来看，在古代哲学中，精神不具有实体性内容。因此，黑格尔要将精神的实体性内容作为精神本身的必然性呈现出来，即"自觉的精神现在不是那么着重地要求从哲学那里得到关于它自己是什么的知识，而主要是要求再度通过哲学把存在所已丧失了的实体性和充实性恢复起来"③。

---

① 〔德〕黑格尔：《精神现象学》上卷，贺麟、王玖兴译，商务印书馆，1962，第13页。

② 〔德〕黑格尔：《精神现象学》上卷，贺麟、王玖兴译，商务印书馆，1962，第3页。

③ 〔德〕黑格尔：《精神现象学》上卷，贺麟、王玖兴译，商务印书馆，1962，第5页。

由前述①可见，近代哲学使得黑格尔所言"实体性与充实性的丧失"的状况达到极致，在对认识的客观性的讨论中，对思维活动的考察完全脱离了真理问题本身。再度地恢复精神的实体性，就需要重新回到感性经验之中。在感性经验面前，黑格尔又与柏拉图哲学相区别，这一点体现在黑格尔所要求的不仅是"自在"的概念体系，而且是"自为"的精神过程。从这一意义上来看，历史构成精神的实体性内容，绝对精神的外化活动就呈现为历史的具体进程，因此，从经验出发就是从精神的实体性内容出发，"这种辩证的运动，就其替意识产生出新的真实对象这一点而言，恰恰就是人们称之为经验的那种东西"②，所以经验活动，就是精神的外化活动，对经验的考察同时是对精神自身的考察。

在经验进程中，精神进行自身的外化活动，同时完成对自身的认识，成为意识到自身的"自觉的精神"（黑格尔语），因而成为自在自为的绝对精神。因此脱离经验的意识哲学并不符合黑格尔的原意。经验对于精神具有双重意义。

一方面，对精神的考察以经验为开端。绝对精神以经验全体为其实体性内容，既包含现存的经验世界，又包含经验的全部历史进程，因此精神并非停留于历史的终点，而是在经验的进程中就是在自身之中。在黑格尔看来，不加反思的经验主义会导致僵死的唯物主义，如果不能以思维扬弃感性知觉，那么感性就会将理性限制于知觉范围内，而"这个基本原则若彻底发挥下去，就会成为后来所叫做的唯物论"③，亦即将受动的现存事物等同于经验表象的本质，使得精神与经验相脱离。因此经验又是绝对精神加以否定的对象。

另一方面，经验本身内在地要求成为思维活动的对象，如果不通过思维活动，我们就会停留于知觉，甚至退回动物式的感觉中

① 参见本书第一章第二节的"黑格尔历史观的逻辑学依据"部分。
② 〔德〕黑格尔：《精神现象学》上卷，贺麟、王玖兴译，商务印书馆，1962，第68页。
③ 〔德〕黑格尔：《小逻辑》，贺麟译，商务印书馆，1980，第115页。

去。经验成为思维的对象，是使得自身的内在必然性加以理性地揭示，这一方法与经验成为观念体系的内容相区别，前者是绝对精神的"概念性思维活动"，而后者是观念论方法的抽象知性活动。在《精神现象学》中，黑格尔以"感性确定性"为意识的开端形态，由感性经验出发，批判了对事物进行外在规定的形式主义的方法。

黑格尔分析了感性确定性的意涵。当我们一开始谈论到感性时，其充满丰富的内容与多样的形式，看起来是最丰富、最完满，亦即最具有普遍意义的概念。但是，当我们进一步思考，这种丰富的内容只是感性给我们的直观知觉，既不具有确定性，亦不具有必然的普遍性，它是无时无刻不在消逝之物。依赖于此种感性确定性的活动，对于每一外界事物，通过不同的方式使之改变现存形式，通过本能的加工，并且不停重复类似的活动，以使得在这种简单重复的活动中，延续对于感性知觉的确定。同时，这种活动也是对感性知觉的不断的怀疑，因为这种活动本身包含着感性知觉的消逝，这种活动本身是事物的感性形式的不断改变、消失，这种原则的发挥就导致对感性确定性的不断怀疑，"他们一方面否定了感官事物，一方面他们也看见感官事物否定其自身"①。所以，感性确定性本身在不同的活动中变换形式，却走向自身的反面，即不确定性。感性永远是个别事物的形式变幻，是个别形式的消逝，与其说在不断重复的形式中感性确定性得到确证，毋宁说这种不断重复的形式就是"恶的无限性"的无穷递进，永远无法达到对感性中永恒的形式的把握。对这种不断重复出现的形式加以规定，就形成了外在的观念论体系。这种形式主义的方法，对于作为对象的每一种感性存在，都从中抽象出一种观念，并被纳入先前的观念体系之中，这种观念论体系的建立就是通过占有大量的具体材料，而后以抽象形式呈现出来，"他们的办法就是把大量的材料，即把已经熟悉

---

① 〔德〕黑格尔：《精神现象学》上卷，贺麟、王玖兴译，商务印书馆，1962，第81页。

的和整理就绪的东西搬进他们的领域里来……就更好像是已经掌握了人类业已有所认知的一切其余的材料，同时还占有了尚未整理就绪的材料；这样他们就把一切都归属于绝对理念之下，以致绝对理念仿佛已在一切事物中都被认识到了"①，这种以概念直接规定感性存在的方法，并没有深入感性事物本身，感性事物被转化为感性规定，在这样的理论体系中，"同一个理念作了千篇一律的重复出现；只因为它外在地被应用于不同的材料，就获得了一种无聊的外表上的差别性"②。

在黑格尔看来，精神的本性并不停留于这种"无聊的外表上的差别性"，而是将差别本身收归于精神自身之内，既包含差别，又使得差别亦即个性、感性特殊性在全体之中不再是纯粹个别性，不再是消逝之物，而是精神作为全体、总体本身生产过程的一个环节。对于感性经验来说，"差别毋宁说是事情的界限；界限就是事情终止的地方，或者说，界限就是那种不复是这个事情的东西"③。但是仅仅承认差别，则只能得到外在于事物本身的规定性，抑或停留于事物表象，停留于外在规定性，而不能揭示出事物之所以如此表象的内在根据。因此，黑格尔认为普遍性就是对差别的扬弃，普遍性概念既包含事物的表象，又是事物表象得以形成的根据。所以，普遍性本身并不随着有限事物的变化而消失，毋宁说是永恒存在。外在规定性亦可以说是事物的表象，但是表象本身是发展为现实的本质，在事物的表象中，外在必然性与内在必然性相互统一，因为外在必然性可被视为发展的抑或获得实现的内在必然性。"外在的必然性，如果我们抛开了个人的和个别情况的偶然性，而以一种一般的形式来理解，那么它和内在的必然性就是同一个东西，即是说，外在的

---

① 〔德〕黑格尔：《精神现象学》上卷，贺麟、王玖兴译，商务印书馆，1962，第10页。
② 〔德〕黑格尔：《精神现象学》上卷，贺麟、王玖兴译，商务印书馆，1962，第10页。
③ 〔德〕黑格尔：《精神现象学》上卷，贺麟、王玖兴译，商务印书馆，1962，第3页。

必然性就在于时间呈现它自己的发展环节时所表现的那种形态里"①。因此，也可以说，通常所理解的经验只是事物在时间中的表象，是外在必然性的集合。而扬弃外在必然性，进入事物本身的内在必然性，就是黑格尔所说的精神的实体性内容，亦即历史进程。

可见，在黑格尔那里，经验概念与历史概念既相互区别又具有内在联系。一方面，历史与经验可以说同时构成绝对精神的实体性内容，历史也可以说是过去的经验的全部内容，这与通常意义上的历史学概念相同。另一方面，历史又与通常所谓经验概念相区别。经验领域之中充满个别的偶然性和任意性，而历史是合乎理性的内在必然性的内容。从这个意义上，只有扬弃了主观任意性与个别的偶然性的经验，才具有世界历史意义。所以，黑格尔对历史的考察并不涉及全部的世界历史的经验内容，而是只考察经验的本质性内容，亦即只考察绝对精神自在自为的外化的内容。

第三节　自由理念与历史发展进程

自由是绝对精神的本质规定，黑格尔指出"世界历史无非是'自由'意识的进展"②。从这一意义上，世界精神也被黑格尔称为"自由意识"。世界历史的展开遵循自由原则，构成不同民族国家从低级到高级的发展阶段。黑格尔的世界历史时期就是按照这一指导原则划分的，即"自由意识"的不同发展程度："东方各国只知道一个人是自由的，希腊和罗马世界只知道一部分人是自由的，至于我们知道一切人们（人类之为人类）绝对是自由的。"③ 黑格尔自由理念来自对以法国大革命为核心的一系列历史事件的反思，进而通过批判英法自由主义与德国古典哲学对自由精神的发展，最终形成

---

① 〔德〕黑格尔：《精神现象学》上卷，贺麟、王玖兴译，商务印书馆，1962，第4页。
② 〔德〕黑格尔：《历史哲学》，王造时译，上海书店出版社，1999，第19页。
③ 〔德〕黑格尔：《历史哲学》，王造时译，上海书店出版社，1999，第19页。

适应于资本主义现代国家的自由理念。

一　对启蒙自由思想的批判

黑格尔传记作家罗森克兰茨的记述中曾提到，青年时期的黑格尔曾是卢梭的追随者，这一对自由理想的热情让他一直密切关注法国大革命的进程，并因之再一次进入对作为革命先声的启蒙思想的思考，反思自由的现实出路究竟在哪里。法国大革命虽已结束，但是它留给人们无尽的遗产。在思想方面，人们开始反思作为革命先遣的启蒙理性。随着大革命高潮退去，革命后期政权更迭以及恐怖统治的出现，对于此时的人们来说，启蒙思想似乎被证明为遥不可及的彼岸理想，启蒙思想中的自由理念也未能给出现实可行的社会方案，对此赫尔岑这样描述道："道德家和神父在讲台上大声疾呼，宣讲道德，谈论罪孽，诵读福音书，诵读卢梭的著作——没有人反驳，也没有人照办。"①

黑格尔认为启蒙思潮的社会理想之所以不能实现，在于其所依据的是自然原则，将人还原为自然意义上的产物，自由与平等的理性原则也都基于在自然特性方面人人等同这一原始基点。这种自然原则首先起源于英国的经验主义，经验主义的发展代表了意识向纯粹物质性领域的"降落"。在科学发现中，人们误以为上帝才刚刚显现自身于广阔自然界之中，随着经验科学的发展，经验成为理性的实体内容"当他们从那种'理性'中间认识了他们自己的'理性'，现在他们才对于宇宙感到一种真实的趣味……'自然'法则的发现，使人类能够对抗当时那种极端荒谬的迷信，并且对抗那只有魔术才能够克服的对于巨大陌生的权力的一切观念"②。因此可以说正是近代科学的发展使得人们第一次摆脱古老泛神论以及神秘主义的深远影响。进而人们借以否定以教会为代表的权威，不过是将世俗进行

---

① 〔俄〕亚历山大·赫尔岑：《来自彼岸》，刘敦健译，商务印书馆，2018，第28～29页。

② 〔德〕黑格尔：《历史哲学》，王造时译，上海书店出版社，1999，第452页。

主观的神秘话的欺骗性伎俩，在这个阶段，教会受到世俗社会的强烈冲击，对新的普遍秩序的要求首先表现为对教会的不满，"'教会'把更高级的东西同它相联系的那个'外在的东西'，仅仅是外在的——'圣饼'不过是面粉所做，'圣骸'只是死人的骨头"①，由教会权威所确立的信仰被冲击，人们要求将世俗生活还给世俗。黑格尔认为对世俗生活秩序的信仰，以及对更高东西的信仰并没有被启蒙理性所打破，启蒙的缺陷也正是在于没有正确恢复世俗生活的正当性，启蒙思想虽然冲击了教会，但是没有达到对真正信仰的正确认识，而以抽象的个人主义以及对个人的自然物质性存在的恢复。这是对感性对象的直接恢复，这一恢复正是导致绝对自由以至于绝对恐怖的根源。

黑格尔从启蒙意识自身与启蒙与自由意识的关系两个方面对启蒙进行论述。启蒙是从否定教会权威开始自己的精神历程的，在《精神现象学》"启蒙的原理"小节中，黑格尔将这一历程划分为三个环节。第一，启蒙对信仰的颠倒。启蒙首先在信仰中认识到，所谓"信仰"就是将神圣的形式外在地加诸日常食物，黑格尔形象地表述道，在启蒙那里，信仰的本质是"一块石头、一块木头，虽有眼睛而看不见东西，或者说是什么一块馒头、一块面团，本来生长在田里，经人加工改变了形象之后又被扔回田里去"②，这样就表明信仰的对象就是启蒙自身的对象，就是理性的对象。进而启蒙以感性确定之物消解信仰的权威，理性可以不通过信仰的权威而直接认识到事物的本质，即理性自身。第二，启蒙恢复感性确定性之后，对信仰进行进一步的批判，指出信仰实际上是一种知识体系，在知识体系中，个别事物拥有了自身存在的合理性。通过信仰的确认，感性事物在世俗生活中具有特别的意义。启蒙重新恢复了感性确定性这一哲学概念的地位，而感性确定性正是黑格尔精神现象学的开

---

① 〔德〕黑格尔：《历史哲学》，王造时译，上海书店出版社，1999，第452页。
② 〔德〕黑格尔：《精神现象学》下卷，贺麟、王玖兴译，商务印书馆，1979，第103页。

端。启蒙将感性确定性重新恢复为理性的内容，使得感性确定性超越作为起点的自身，成为作为终点的自为存在，"那就其最初的现实而言本是感性确定性和意见的意识，在遍历了它的全部经验路程以后又返回到了它最初出发的这个地来，重新成了一种关于它自己的纯粹否定物的知识"①。

前两个环节相当于启蒙的由"正"之"反"的否定性运动，最后启蒙仍须以合题作为颠倒信仰之后的内容。在黑格尔看来，启蒙在批判信仰之后的合题中所达到的本质就在于"有用性"。启蒙是从人的自然存在承认人的本质与人的地位的，在自然意识中，人达到他的自在存在，进而自在的人同时构成普遍性，即普遍的自在存在。在这种自然普遍性的前提下，个别性构成普遍性的前提，普遍性为个别性服务，因此个别性有权要求普遍性的为他的存在。因而在启蒙意识中，个别性与普遍性是一种为己与为他的相互关系，由于个人服务于社会，反过来社会必须满足个人的要求，人与人之间以有用性联结。这一点是启蒙所具有的工具理性的特征。黑格尔没有止于工具理性层面的批判，而是关注启蒙与真正自由意识之间的关系。由于启蒙从自然意识进展到工具理性，所以启蒙从两个方面承认自由，即于肯定的方面，构成自由的自在自为的存在，于其否定的方面，构成自由的为他的方面，由此启蒙的否定性运动通过否定信仰最终承认个别性依照自然本质的发展。

从绝对精神的世界进程来看，启蒙对信仰进行否定的同时，作为绝对精神的必然环节，揭示出信仰本身的内在矛盾。这一内在矛盾的揭示以启蒙运动内部的分化为起点，以法国大革命为终点。

首先，启蒙展现出"纯粹思维与纯粹物质"② 之间的矛盾性。启蒙分别从两个方面恢复理性的权威，一方面是肯定纯粹思维，纯

---

① 〔德〕黑格尔：《精神现象学》下卷，贺麟、王玖兴译，商务印书馆，1979，第108 页。
② 〔德〕黑格尔：《精神现象学》下卷，贺麟、王玖兴译，商务印书馆，1979，第122 页。

粹思维处于有限事物的彼岸，以否定性为本质，将事物的本质与事物的感性属性相区别，进而将知觉从感性确定性中分离出去，从而以纯粹思维为感性确定性的本质；另一方面是肯定纯粹物质，与肯定纯粹精神的一面相反，纯粹物质的观点在于恢复知觉与感性确定性之间的直接联系，以有限性为事物的本质。在启蒙意识中，二者都不能离开自己的固有基地，实际上是从自己的固有立场揭示出绝对本质的一个方面。在纯粹物质的方面揭示出纯粹精神的不足，即离开感性联系的绝对本质成为无内容、无区别、无规定的绝对；在纯粹精神方面揭示出纯粹物质的不足，即离开精神的否定性的感性存在互相外在，彼此不具有实体性的联系，而是直接的空洞联系。因此二者只能在对方之中才能认识到自身的真理，即"思维就是物性（Dingheit），或者说，物性就是思维"①。

由于绝对本质经过纯粹精神与纯粹物质两个方面的意识考察，在二者互为否定的运动中形成二者的联合。这种联合就体现在"功利世界"的产生，"功利世界"构成启蒙对于绝对本质的第二环节。与启蒙自身内部所体现的工具理性意义不同，黑格尔在"功利世界"一节中所批判的并非个别性之间相互利用的简单关系。此时启蒙在功利上既体现为个别性的自在自为，又体现为利他的存在，这两个方面成为合为一体的运动，启蒙以整个运动本身构成对信仰的不断的、根本的否定。有用性超脱出个别性之间的关系，成为启蒙对于自由意识的唯一本质。在这一运动中，前一环节的"纯粹思维"与"纯粹物质"由于认识到自身的空虚，而不断地向对方转化以求充实自身的内容，这种运动也就体现着在纯粹意识与纯粹物质二者之中对自身的否定性。但是二者只是停留在对自身的否定性理解中，还没有在对方之中肯定自身，因此，这种自我区别的阶段代表概念发展到自身矛盾尖锐化，尖锐化的矛盾运动进一步带来对立的外化并进入下一环节，即"行动的果实"。在最后一个环节中，启蒙内部对

---

① 〔德〕黑格尔：《精神现象学》下卷，贺麟、王玖兴译，商务印书馆，1979，第124页。

立的矛盾双方分别在对方之中认识到自身的确定性。因此在绝对精神的进程中，意识经过启蒙，经过"纯粹思维"与"纯粹物质"两种意识的对抗，达到二者的统一。二者的矛盾运动不仅是否定自身对立面的运动，同时肯定自身为意识的本质内容，因此作为启蒙的最终结果，真理性与现实性结合起来，从启蒙意识的内部运动过渡到以法国大革命爆发为起点的绝对自由意识的阶段中，即"天地互相交接，天国降入人世"①。

黑格尔通过对启蒙意识的批判，揭示出启蒙思潮对于封建教会统治的批判意义，从"纯粹思维"与"纯粹物质"所表征的自然与精神的对立，揭示出教会权威对自由精神的束缚，自由精神必然在自己的最后阶段冲破教会统治对人的奴役与异化，最终导致大革命爆发。同时，在对启蒙与信仰的关系的论证中，黑格尔批判启蒙的局限性，即内在的空洞导致纯粹否定性的运动，其肯定性的方面在于建立以自然意识为根据的个人权利观念，这种观念经过法国大革命发展为"绝对自由与恐怖"，证明绝对精神必须扬弃自然意识的阶段，进展到精神自由，从而避免绝对自由所带来的恐怖统治。

二　自由意识在世界历史中的进程

黑格尔指出"世界历史无非是'自由'意识的进展"②，绝对精神作为"自由意识"对自身的意识发展到何种程度，世界历史也就进展到何种程度，"自由"既是绝对精神的内在本质，又是世界历史的内在必然性，因此二者的发展具有"平行"的形式。黑格尔一方面在绝对精神自身规定的方面作了原则性的论证，另一方面将这一原则贯彻于世界历史的考察中。在根本立场上，黑格尔是以德意志民族国家的发展为蓝本反思世界历史的，这充分表明其唯心史观的性质。

作为绝对精神的自身规定，"自由意识"就是对自我存在的完全

---

① 〔德〕黑格尔：《精神现象学》下卷，贺麟、王玖兴译，商务印书馆，1979，第129 页。

② 〔德〕黑格尔：《历史哲学》，王造时译，上海书店出版社，1999，第 19 页。

意识，包含两个方面："第一，我知道，第二，我知道什么。"① 在前一个阶段的绝对精神，只能认识到自己是世界历史的某一部分，但是不能看到世界历史的最后目的，因此也就只是未完成的绝对精神的一个环节。后者则是对最后目的的意识与实现，不仅意识到自己是现实历史的进程，而且意识到自己就是自身最后目的的实现，而这一最终目的只有在日耳曼世界中才得以显现。即以德意志民族国家为世界历史的最后阶段。

从世界历史的最终目的性来看，自由原则有两层规定：第一层为全体个人的普遍性，第二层为自觉意识的内在性规定。黑格尔将自由意识的发展划分为三个阶段：第一个阶段是东方世界，可以视为"前意识"的阶段，因为在黑格尔看来东方世界并没有真正的自由意识；第二个阶段的希腊世界与罗马世界，是自由意识的萌芽与抽象进展的阶段，实现了作为抽象普遍性的共同体国家；第三个阶段，在日耳曼世界，自由意识达到自己的完成形式，达到内容与形式的统一，即具体的普遍自由。在由抽象普遍性发展至具体普遍性的环节中，内在性的建构是必然途径，即人普遍地意识到自身的自由本性，并由此推进精神在世界历史进程中获得最充实的内容，即普遍的个人自由与具体的自由国家的建立。

关于自由原则的第一层规定，黑格尔指出自由意识作为全体个人的普遍性，肇始于希腊世界。东方世界则只知道"一个人的自由"，即君主的自由。君主凌驾于国家与法律之上，因此君主体现出来的完全是个人特质，是粗野的自然冲动，或为驯服的柔和性格，无论倾向于哪一方面，都是自然意义上的偶然的个人精神的表现。因此这种自由就不能称为自由，而仅仅是一种自然存在的初始状态。在希腊世界则不同，自由意识由此开始萌芽。在希腊，每个人意识到自己具有独立的地位，这一自由意识并非像东方世界那样建立在自然家庭发展而来的家长制基础之上，而是通过法律和风俗所固定

---

① 〔德〕黑格尔：《历史哲学》，王造时译，上海书店出版社，1999，第18页。

下来的城邦体制。罗马世界更进一步地将城邦政体发展为国家。对于罗马国家的建制，黑格尔尤其赞同拿破仑对现代悲剧与古代悲剧的一个看法。据黑格尔记述，拿破仑在与歌德的一次对话中谈到，现代悲剧是由"政治"取代了古代悲剧中的"命运"。黑格尔认为这正是罗马国家的历史进步性。古代社会中，个人的自由通过对命运的关系凸显，"命运"是超越日常生活的神秘力量，而现代社会的标志在于个人服从于政治国家，隐性的命运崇拜被显性的政治国家力量取代。正如在希腊，个人的政治生活直接与其世俗生活相统一，而至于罗马，则个人必须服从于国家意志，因此罗马国家是从世俗生活中抽象出来的，是抽象的普遍性的代表。服从国家意味着个人的牺牲，因此罗马世界的发展最终走向自己的反面，由于国家的强力意志的不加节制，因此无法负荷连年战争而导致败落。与罗马世界不同，之所以德意志能够继承法国大革命所带来的自由原则，就在于日耳曼民族精神的进程中首先完成了自由意识的内在性建构。

因此，自由意识的内在性建构是现代社会的历史开端。希腊与罗马虽然具有形式上的普遍自由，但是这种自由只是"部分人"的自由，而非"全体人"的自由。在奴隶制度中，人的暴虐、粗野的一面显露无遗，这是自由意识在希腊与罗马阶段的弊端。要克服这一弊端，使得部分人的自由进展为全体人的自由，这意味着人们普遍地意识到自身的自由本性，并将之外化出来重新构成民族国家。由此，世界历史还要求精神的革命以实现对自由的自觉的意识。这一自觉的意识是通过宗教改革完成的，因此宗教改革是日耳曼世界由中古进入现代的开端与标志。

在自由原则的第二层规定中，自由是意识的内在性规定。黑格尔认为自由理念进入人们的意识是通过宗教完成的，宗教是"'精神'最内在的区域"①。宗教向来起着教化人心的作用，构成主观意志转化为客观真理的必要途径，因为"宗教是一种内在的东西，专

---

① 〔德〕黑格尔：《历史哲学》，王造时译，上海书店出版社，1999，第 19 页。

属于良心"①。在反思罗马帝国历史时,黑格尔指出个人意志必须经过宗教的教化作用,热情与欲望等主观感性不再带有恶的成分,而成为向善的公理,进而公理作为风俗融入日常生活,同时国家具有合理性的组织,在这种条件下个人意志才能够得到合理的发挥,成为"真正正直的意志"。在反思法国大革命及其后续传播自由思想的过程中,黑格尔再次肯定宗教领域的革命是社会革命的合理开端。法国大革命之所以出现绝对自由带来的恐怖统治,正是由于法国大革命是以启蒙思想为开端,而德意志的现代进程是以宗教改革为开端。启蒙思想所确立的是以人与人之间的自然独立性为前提,个别性与普遍性相互外在,集体与个人相互对立,因此停留于抽象的自由社会的构想。当自由意识经由《拿破仑法典》开始向欧洲众多国家宣扬自由思想与制度时,之所以众多国家无法成功继受,就在于"这是一个虚伪的原则,以为'公理'和'自由'所受的束缚桎梏能够不经良心解放而打破,以为不经过一番'宗教改革'就能够有一番'革命'"②。所以,真正的革命发端与内在性的革命,起源于人的内心对于自由的自觉意识。

宗教改革对自由意识的推进体现在两个方面:一是对人们内心的精神世界的教化,二是对国家制度的直接影响。在内心教化的方面,宗教改革瓦解了精神信仰与个人的外在联系。这些外在联系包括人为划定的教士与凡人的区分,以及教会作为一个独立阶级而占有全部信仰与真理的内容。在改革之后,信仰恢复了与每个个体之间的直接联系,可以说"凡能思想皆有上帝于心中",于是主观性在"感觉的精神性"这一感性主观意见中找到属于自己的普遍性力量,即与客观精神的普遍联系,由此一来,"这种主观性便是一切人类的共同产业。每个人必须在他自己本身里面去完成同上帝调和的工作"③。先前人们须通过教会去认识既存的至善至美的宇宙真理抑或

---

① 〔德〕黑格尔:《历史哲学》,王造时译,上海书店出版社,1999,第348页。
② 〔德〕黑格尔:《历史哲学》,王造时译,上海书店出版社,1999,第464~465页。
③ 〔德〕黑格尔:《历史哲学》,王造时译,上海书店出版社,1999,第428页。

上帝，而现在教会既不是传达上帝旨意的权威机构和必要途径，而且真理的最后完成从教会转移到每个人的信仰中，真理是通过每个人的最终的虔信完成自身的。所以主观精神通过个体信仰扬弃特殊性，认识到自身是永恒真理的必要环节，重新建立起感性与信仰之间的普遍联系，从而实现自身。反之，例如在启蒙之中并没有经过这一通过主观精神确证永恒上帝的过程，所以只能停留在"自然的意志"中，而不能达到充满客观真理为自身内容的主观精神。在内心世界通过信仰包含客观精神亦即上帝的全部精神性内容之后，主观精神才可以开始客观化的进程，即宗教改革在国家建构方面的推进。

在国家方面，黑格尔指出，宗教改革之后，精神的发展可以归结为一点："就是'精神'从人类和上帝间发生的调解过程——现在充分认识了那个客观的过程是神的本质的存在获得了他的自由的意志，现在就运用和展开这种意识来建造各种世俗的关系"①，内在革命完成之后，精神将重新在世俗世界显现，通过为世俗直接建立普遍秩序，而将主观精神的内容客观化、对象化，从而完成主客观精神的统一。先前人们误以为至善在世俗之外，抑或属于教会权威的事务，但是现在人们已经认识到至善就在世俗社会本身中，即国家与法律。"在有思想的认识与意志的活动中，我便欲望普遍的对象——绝对的'理性'的实体。所以我们看出在客观方面——'概念'——和主观方面中间有一种在本身的结合。这种结合的客观存在就是国家"②，国家是主观欲望的对象，进而是上帝的化身，是完成形式与内容的统一的"自由意志"。从这个意义上，黑格尔的国家理念中包含着对个人自由与古代普遍自由的超越③。通过宗教对人心的教化，精神必然从宗教进展到国家形式。因此，对国家精神基础

---

① 〔德〕黑格尔：《历史哲学》，王造时译，上海书店出版社，1999，第 434 页。

② 〔德〕黑格尔：《历史哲学》，王造时译，上海书店出版社，1999，第 51 页。

③ Rolf-Peter Horstmann, "The Role of Civil Society in Hegel's Political Philosophy," in *Hegel on Ethics and Politics*, eds. Robert B. Pippin and Otfried Höffe, trans. Nicholas Walker, Cambridge and New York: Cambridge University Press, 2004, pp. 211 – 213.

的理解离不开宗教。由于宗教的对象是绝对精神，使得人们在世俗事务的变幻中意识到精神的永恒不逝，所以为国家提供了精神本质的在世俗生活中的基础，从这一意义上，宗教"含有作为神的意志的国家本性"①。因此，宗教对于国家的巩固具有基础性的意义。因为宗教代表内在的真理，只有内在真理才具有外化的现实性，"真的东西是从内到外、从理性的想象到实在性的巨大跃进，全部世界历史就在从事这一工作，并且通过这种工作，有教化的人类获得了合理定在，即国家制度和法律的现实以及对它们的意识"②。同时，国家也必须首先获得宗教上的论证，宗教为国家提供精神上的合理性证明，宗教情绪可以使得人们对国家的普遍本质产生"哲学的洞察"③，从而尊敬国家，遵从法律。

　　黑格尔以精神发展为历史发展的根本动力，因而自由意识的现代进程从宗教领域开始，以宗教改革作为绝对精神主观性的实现，抑或内在性规定的实现，以民族国家作为绝对精神客观性的实现。这一思想轨迹完全符合德意志资本主义发展的德国路径，体现了当时德国资本主义力量弱小的现实情况，没有能力直接与封建国家的政治势力相抗衡，只能借助于宗教批判，先行从教会改革影响政体，进而改造封建君主制度的途径来实现资本主义经济的发展。

---

① 〔德〕黑格尔：《法哲学原理》，范扬、张企泰译，商务印书馆，1961，第308页。
② 〔德〕黑格尔：《法哲学原理》，范扬、张企泰译，商务印书馆，1961，第309页。
③ 〔德〕黑格尔：《法哲学原理》，范扬、张企泰译，商务印书馆，1961，第320页。

第二章

马克思恩格斯的历史主体理论

黑格尔肯定启蒙思潮从自然主义的立场宣扬人的自由与平等，表达了对于封建专制主义对个人的奴役与压迫的不满。同时也指出这种绝对的个人自由是不现实的，只能造成基于主观意见之间互相对立的混乱社会局面，因此通过建构作为普遍共同体的国家来解决这一矛盾。不过黑格尔无法意识到，他的国家理想并非真正的人类自由的最终实现，而是资本主义生产方式在世界范围内的扩张在意识形态中的反映，无法真正开辟出实践道路。马克思恩格斯立足人民群众立场，从"现实的人"的生产活动出发，批判了唯心史观对个人与历史之间内在联系的思辨化理解，从而将历史从绝对精神的统治中解放出来，在人民群众的现实活动中实现人与历史的和解。

第一节　从抽象个人到现实的人

在黑格尔那里，个人是主观性的产物，是富有热情与欲望的个体。个体的不加节制就会导向主观盲目性，因此内在的方面依赖于宗教精神对自由意识的规范，外在的方面依赖于国家与法律，由此在现代资本主义国家中完成对个人自由的建构。马克思则深刻地指出，"个人自由"这一理念本身并非终极的永恒价值观，而是历史的产物。以黑格尔哲学为代表的资产阶级哲学的个人概念，实际上是脱离现实中从事劳动生产的个人的抽象概念，是资本主义拜物教意识形态下的抽象的个人，而不是现实历史中的具体的个人。只有社会化的人才是现实的人，现实的人的解放只能通过社会关系的全面解放才有可能，因此个人自由的实现必然是在全面的社会关系对于个人来说都是自由条件的联合体中才具有现实的意义。

一　"个人自由"观念是历史的产物

启蒙运动使得自由理念深入人心。黑格尔在著作中多次批判启蒙理性，认为启蒙理性没有找到现实民族国家的出路。但是，放眼资本主义从兴起到迅速发展的 16～19 世纪，黑格尔哲学又可以被视为方兴未艾的启蒙思潮的某种延续，由继启蒙理性由法入德之后的支流中发展起来，而未离开新兴资产阶级的根本立场。

黑格尔是在启蒙理性反封建的积极意义上肯定其个人原则的。启蒙理性宣扬对个人权利的尊重极具现代意义。正如黑格尔认为的，现代世界之所以开端于日耳曼，是因为日耳曼民族精神知道"一切人是自由的"，而其前罗马的自由还带有奴役制的恶的方面。具体来看，首先，个人是绝对精神的实际载体。黑格尔指出，绝对精神要在对经验世界的考察中发现，绝对精神的自我实现有其具体的手段与方法，"实际的个人"，就是"自我意识——实际存在于世界上的'精神'"①。"个人对于民族精神的关系便是，他把这种实体的生存分摊给了他自己；它变成了他的品性和能力，使他能够在世界上有着一个确定的地位"②，个人分有绝对精神，并通过绝对精神确立自我意识的根本意义，以其分有的绝对精神为个体自我意识的实体性内容。其次，个人的热情是历史发展的重要动力。人的欲望是一种对对象的利害关系，完全专注于其目的，从而激发个人的能动性，这一过程就是热情的作用，"假如没有热情，世界上一切伟大的事业

---

① 〔德〕黑格尔：《历史哲学》，王造时译，上海书店出版社，1999，第51页。
② 〔德〕黑格尔：《历史哲学》，王造时译，上海书店出版社，1999，第77~78页。

都不会成功"①。最后，个人意志将历史的绝对本质通过人的活动外化为现实。自我意识是主观性与客观性的结合，个人意识与民族精神统一，个人意志与国家统一，由此"这个时候人民的私利和国家的公益能够互相找到满足和实现"②。

黑格尔承继启蒙理性的个人原则，对个人的界定标准由自然法则发展为社会法则，反映了当时新兴资产阶级的愿望，将理想的自由国家宣称为最终的自由意识的实现。而黑格尔所依据的个人并非现实的个人，而是特定历史阶段所产生的关于个人的特殊观念。马克思曾指出黑格尔与国民经济学家站在统一立场上，他们所看到的个人正是在市民社会中追逐私人利益的个人，并以对私人利益的占有和实现来定义"个人"。而事实在于，个人所能够追求的私人利益本身，不是取决于他们的自由意志，而是由整个社会所决定的，"而且只有在社会所设定的条件下并使用社会所提供的手段，才能达到；也就是说，私人利益是与这些条件和手段的再生产相联系的，这是私人利益；但它的内容以及实现的形式和手段则是由不以任何人为转移的社会条件决定的"③。因此，"个人"是不断地在历史中从事生产并产生出来的，它的形式与内容都随着人们的生产以及随之而产生的社会关系的变化而变化。像黑格尔那样认为人的热情与欲望能够按照既定的理性标准转化为特定的行动的个人，在现实中是不存在的，只能停留于抽象的形而上学的假设中。

马克思关于个人受现实的社会关系发展的制约的思想经历了一个探索的过程。在《黑格尔法哲学批判》中，马克思在批判长子继承制时指出，在人们的观念中认为长子世袭接替领主的地位，传承着世袭罔替的制度，仿佛长子天生就具有特殊的性质使得他成为社会的特殊阶层。但是实际上，是人被束缚于土地所有权中。不是人世代继承着爵位，而是土地成为无声的主人，更换着拥有它的家族

---

①　〔德〕黑格尔：《历史哲学》，王造时译，上海书店出版社，1999，第24页。
②　〔德〕黑格尔：《历史哲学》，王造时译，上海书店出版社，1999，第25页。
③　《马克思恩格斯文集》第8卷，人民出版社，2009，第50~51页。

成员。人看似拥有永恒的社会地位，实际上人的生产是束缚于有限的落后土地所有权。此时马克思初步发现了人的利益，抑或活动范围与社会权力是被特定的社会制度所规定的。在《论犹太人问题》中，马克思从人的解放的层面揭示出政治解放的局限性和不彻底性。马克思谈到《人权宣言》时指出，"令人困惑不解的是，一个刚刚开始解放自己、扫除自己各种成员之间的一切障碍、建立政治共同体的民族，竟郑重宣布同他人以及同共同体分隔开来的利己的人是有权利的"①，这里的个人就是从以脱离于社会关系，进而脱离共同体的抽象的个人为基础出发的，在这种基础上建构的共同体只能是抽象的普遍性的表现。在《1844年经济学哲学手稿》中，马克思进一步指出应当避免社会与个人的对立，避免"社会"成为抽象的概念外在于个人的现实生活，个人应当在他的现实的社会关系中理解。这一思想在《关于费尔巴哈的提纲》中，将"社会关系的总和"上升为人的本质性高度。

费尔巴哈与黑格尔关于个人观点的局限性在于他们从个人的"情感"表现或者从个人活动的"热情与欲望"中去理解个人的行动。而这种感性对象式的理解，正是历史发展现实在意识形态中的表现，而不是历史现实本身。"费尔巴哈没有看到，'宗教感情'本身是社会的产物，而他所分析的抽象的个人，是属于一定的社会形式的"②，费尔巴哈没有在宗教之外看到人的社会生活的表现。黑格尔则从历史发展的必然性中，看到宗教与人的生活的本质性维度相联系，宗教是人的社会生活的一个部分，在某种程度上，社会进步要依赖宗教并通过宗教来推进。比之于费尔巴哈，黑格尔无疑具有更深刻的历史维度。欧洲资本主义的发展与宗教因素总是难以分离。在中世纪，人们的世俗生活很大程度上在教义的规范下进行，"中世纪经济思想与现代经济思想之间的最根本的区别其实就在于，后者通常以眼前的经济利益为根据，不管是用它来为任何一个行动、政

---

① 《马克思恩格斯文集》第1卷，人民出版社，2009，第42页。
② 《马克思恩格斯文集》第1卷，人民出版社，2009，第501页。

策还是组织制度作辩护，前者则是从这样的立场出发：各种关于经济利益的考虑必须服从一种道德权威"①。这种表现正是因为，在中世纪，教会与经济组织有着深远的联系，自身就是最大的封建主。因此教会有着传统的政治权力，而黑格尔认为新型国家的建立也要依赖宗教改革，依赖教会对国家组织的影响来推动有其历史根源。但是黑格尔没有看到教会的本质，没有看到教会本身是依赖于经济条件的内在发展的，正如经济学家托尼所看到的，教会"对封建制度不会不满，就像教会委员会（今天最大的矿产主）不会发动反王室的征战一样"②。黑格尔所依据的历史进步的动力，无论是来自宗教改革对人们内心的规范，还是来自伦理国家对普遍个人自由的实现，都没有深入现实的人的自我生产中，因此也就不能从历史的视角把握"个人"的真正现实性。

马克思批判了黑格尔所形成的关于"抽象的个人"的思维方法。首先，将在特定历史阶段中处于统治地位的个人与他们的思想分离；其次，使得这种思想具有一定的次序；最后，将思想转化为自我意识，由自我意识外化为历史人物。这样哲学家与"概念体系"就变成历史的主体，"一切唯物主义的因素从历史上消除了，就可以任凭自己的思辨之马自由奔驰了"③，"他们把我们所阐述的整个发展过程看做是'人'的发展过程，从而把'人'强加于迄今每一历史阶段中所存在的个人，并把'人'描述成历史的动力"④，因此在思辨的历史观念中，"人"是超越历史阶段的抽象概念。马克思进一步解释了"独立的个人"这一概念的历史渊源。在生产力低下的社会阶段，个人的生产直接依赖于自然界，个人依赖于自然的条件扩展为家族或氏族，人们的生产范围也十分狭小，彼此之间较少往来，这

① 〔英〕R. H. 托尼：《宗教与资本主义的兴起》，赵月瑟、夏镇平译，上海译文出版社，2013，第28页。
② 〔英〕R. H. 托尼：《宗教与资本主义的兴起》，赵月瑟、夏镇平译，上海译文出版社，2013，第40页。
③ 《马克思恩格斯文集》第1卷，人民出版社，2009，第554页。
④ 《马克思恩格斯文集》第1卷，人民出版社，2009，第582页。

种形式中"人的依赖关系（起初完全是自然发生的），是最初的社会形式"①。而资本主义社会的形态，则是摆脱了人与人之间的自然发生的依赖，而进入由物中介着的依赖关系。在这种形态中，人的相互联系得到广泛的拓展，生产与交换的范围日益扩大，人的能力的发展得到全面的展开，表现为多方面、多维度的社会生产体系的建立。在这种情况下，人不再束缚于彼此之间的直接社会联系，而是共同依赖于广泛的物质生产与交换体系，即"以物的依赖性为基础的人的独立性"② 的阶段。

二 私有制中个人自由的异化

"独立的个人""平等""自由"等观念正是伴随着历史进入第二大社会形态所产生的社会观念，其中"自由"与"平等"又是建立在"独立的个人"这一抽象概念基础上的。依据"三形态"说对资本主义社会关系的揭示，普遍的物质交换遮蔽了真正的人与人之间的关系，即"社会关系表现为物的形式"③。马克思又将此称为"物化"④，即在资本主义生产条件下，个人的独立性表现是物的独立性的外观与假象。马克思在《资本论》"拜物教"中分析了这一虚假的个人观念的社会根源。从"物化"理论到"拜物教"呈现出马克思对社会现实的逐步深入，"前者侧重于指出人与人之间的社会关系转化成了物与物之间的交换关系，而后者除了指出这一点之外，还阐明了生产过程当事人在观念上对上述物化现实的接受和认同，就像一个宗教徒一样，他在观念上是把神当作一种客观现实的存在

---

① 《马克思恩格斯文集》第 8 卷，人民出版社，2009，第 52 页。
② 《马克思恩格斯文集》第 8 卷，人民出版社，2009，第 52 页。
③ 《马克思恩格斯文集》第 8 卷，人民出版社，2009，第 234 页。
④ 日本学者广松涉将 Versachlichung 译为物象化，将 Verdinglichung 译为物化。前者意为社会关系的物化，后者意为对象化。对于马克思的物化与对象化概念的区别与联系，以及由此生发的译名问题，仍是学界讨论的焦点。本书不重点讨论这一问题，故统一沿用中央编译局版本对"物化"一词的译法。

物来看待的"①。

上述具有独立性的个人，在其现实性上是在私有制条件下，抑或雇佣劳动制度下从事实际劳动的个人。而他们的劳动产品一旦采取商品形式就会有一种"谜一般的性质"，从而使人们产生关于个人的种种错觉。在现实中，个人受制于商品交换关系，通过出卖劳动力，为了交换而生产，但在观念中颠倒为个人具有自我选择的独立性，这一过程就是"商品拜物教"的形成。首先，人类劳动具有无差别的等同性，亦即抽象劳动，抽象劳动形成商品中的可通约的价值属性，劳动就具有了商品这种物的形式；其次，人类劳动里的耗费是由社会必要劳动时间来计量的，因此劳动的时间转化为商品的价值量的形式；最后，生产者从事上述劳动的社会关系，就通过劳动产品成为商品这一社会化的过程，表现在劳动产品所形成的社会关系之中。在人们看来，商品就是社会关系本身，商品所具有的物质以及生产商品的具体劳动性质，就是人与人之间的关系本身的性质，"商品形式在人们面前把人们本身劳动的社会性质反映成劳动产品本身的物的性质，反映成这些物的天然的社会属性，从而把生产者同总劳动的社会关系反映成存在于生产者之外的物与物之间的社会关系"②，因此，商品不仅表征着人的社会关系，同时就是社会关系的载体，是"可感觉而又超感觉的物或社会的物"③。

因此，由于劳动产品转化为商品，人们就只能在商品形式下看到自己的社会关系本质，这一关系反映在个人头脑中便直接地加诸物，认为只有通过物并借助于特定的物的形式才能维系或改变现有的社会关系。商品拜物教就此形成。在此基础上便使资本主义经济学说的本质得以鲜明，"他们认为只有两种制度，一种是人为的，一种是天然的。封建制度是人为的，资产阶级制度是天然的"④，人类

① 唐正东：《马克思拜物教批判理论的辩证特性及其当代启示》，《哲学研究》2010年第7期。
② 《马克思恩格斯文集》第5卷，人民出版社，2009，第89页。
③ 《马克思恩格斯文集》第5卷，人民出版社，2009，第89页。
④ 《马克思恩格斯文集》第5卷，人民出版社，2009，第99页。

社会注定实现这种天然制度中的自由，就是资产阶级学说的共性所在。马克思更进一步地分析了社会关系采取商品形式的原因，其根源在于私人劳动与社会劳动的关系。首先，私人劳动只有作为社会劳动才具有私人的意义，而只有通过交换才能转化为社会劳动。在这一过程中，私人劳动就具有了二重性。一方面，私人劳动必须满足一定的社会需要，从而成为社会自然分工的一部分；另一方面，私人劳动必须同另一私人劳动相互交换从而实现私人劳动之间的等同，才能满足生产者本人的需要。这一私人劳动的社会性质在从事私人劳动的生产者头脑中，亦即将自身的社会性质反映于实际交换中所具有的产品的形式中。因此当经济学家加利阿尼认为价值表现的是社会关系时，马克思则揭示出正是在价值关系中所表现的社会关系"是被物的外壳所掩盖着的关系"①。

　　商品拜物教的秘密同时也就是货币拜物教的秘密。商品交换发展出自己的等价物的形式，产生特殊的一般等价物即货币。人们便将社会关系再次反映在货币上，反映在贵金属的天然特性中。正如作为商品的劳动产品不过是社会关系的物化表征，金银天然并非货币。金银的自然属性使得它在作为一般等价物的漫长发展中逐渐分离出来，成为承担货币职能的特殊商品。可见，货币拜物教与商品拜物教作为人们头脑中的虚假观念形态都产生自交换领域中私人劳动作为社会劳动进入交换领域与分配领域的兑现过程。

　　在商品拜物教与货币拜物教中，被物化的对象是私人劳动，即劳动力的社会性质的物化现象，而对人的社会关系的更进一步的遮蔽则出现在资本拜物教中。在商品拜物教中，商品将财富的物质要素作为社会关系的承担者，社会关系成为商品本身的属性，在货币拜物教中，社会关系更直接地成为货币这一抽象物。二者是一切发展出货币的商品社会都具有的意识形态。而在资本主义生产方式中，"这种着了魔的颠倒的世界就会更厉害得多地发展起来"②。可见，

---

① 《马克思恩格斯文集》第5卷，人民出版社，2009，第91页。
② 《马克思恩格斯文集》第7卷，人民出版社，2009，第936页。

在资本拜物教中，现实的社会关系更加隐蔽，更加剧了社会关系的颠倒程度。这种加剧的颠倒过程，也就是资本对社会生产总过程加以统治的过程。

与商品拜物教和货币拜物教相同的是，在资本拜物教中，作为社会关系的资本也被反映在一定的物质资料上。但是正如金银本身并不是货币，"资本不是物质的和生产出来的物质资料的总和，资本是已经转化为资本的生产资料"①。马克思是从政治经济学三位一体公式来分析资本拜物教的。在三位一体公式"资本－利润，土地－地租，劳动－工资"中，在资产阶级经济学家眼中，公式前者为因，后者为果，共同构成经济基础。而事实上，资本、土地所有权与劳动，三者都是特定历史条件下的特殊社会形式。

马克思指出"资本不是物，而是一定的、社会的、属于一定历史社会形态的生产关系，后者体现在一个物上，并赋予这个物以独立的社会性质"②。其中，土地与劳动是一切生产方式所共有的，因而作为物质要素与资本条件下的生产过程无关。进而马克思通过资本的增殖过程揭示出资本对剩余劳动的无偿占有这一根本性质，进而土地作为生产要素，之所以能够单独出现在三位一体公式中，只是由于土地是资本化了的一项特殊的生产资料。由此三位一体公式就变为资本与雇佣劳动之间的矛盾关系。资本拜物教也正是在与劳动的矛盾关系的发展中产生的。资本拜物教的形成有其特殊的过程，这一过程相对于商品与货币拜物教，其"拜物教"的性质更加突出，一方面资本更加紧密地与特殊的物结合在一起，加深了与可感觉的物的结合，另一方面又更加具有"超感觉"的性质，加深了与可感觉的物的分离。

首先，资本不仅是剩余价值的吸收者，而且是生产力发展的主体承担者。在资本与劳动的简单关系中，资本吸收剩余价值。这一关系的继续发展，带来的生产力的发展与劳动者之间的社会关系的

---

① 《马克思恩格斯文集》第 7 卷，人民出版社，2009，第 922 页。
② 《马克思恩格斯文集》第 7 卷，人民出版社，2009，第 922 页。

改变，也被反映为资本运动的结果。"资本已经变成了一种非常神秘的东西，因为劳动的一切社会生产力，都好像不为劳动本身所有，而为资本所有，都好像是从资本自身生长出来的力量。"① 因此资本的统治从生产力扩展到更广泛的社会关系中，首先表现在流通领域中。在早期资本发展中，流通领域的重要性还没有如此凸显，是由于资本家不仅生产商品，而且在一定程度上拥有社会性的决定关于如何生产、生产什么的掌控权。但是随着生产力的发展，这种掌控权不断被社会化的生产所削弱，流通领域的重要性由于流通领域的对于资本"惊险一跃"的不确定性的增加而增加。此时，流通领域就被资本拜物教所笼罩，即由流通职能转化为同时拥有生产的功能的表象。在第二阶段，对于单个生产者来说，流通领域的流通本性被更大程度上体现出来的生产性质所取代，进而各种生产关系愈加独立化，各种价值部分愈加"硬化"（马克思语）为独立的形式。虽然流通领域并不生产剩余价值，但是直接影响剩余价值的分配，从而使得资本在流通领域的调节之下产生资本平均化。资本的平均化使得商品价格与价值相分离。在简单的商品交换中，商品价格只是与价值偏离，由于供求影响而围绕价值上下波动。但是在资本条件下，资本在流通领域中的平均化则直接左右商品价格，价格此时不再是与价值偏离，而是"分离"出价值所决定的范围，成为独立的波动因素。流通领域影响资本利润的分割，这部分利润产生生息资本，即资本本身直接成为价值生产者，马克思将生息资本这一形式称为资本的"最异化最特别的形式"②。最后，在第三阶段，在生息资本基础上，土地也具有了同样的生产性质，成为三位一体公式中独立的生产要素。至此，剩余价值与社会关系的联系就被切断了，劳动作为剩余价值的源泉被完全遮蔽起来，生产关系亦即资本关系取得了完全独立性的外观。

可见，个人的独立性正是在"商品－货币－资本"拜物教的统

---

① 《马克思恩格斯文集》第 7 卷，人民出版社，2009，第 937 页。
② 《马克思恩格斯文集》第 7 卷，人民出版社，2009，第 939 页。

治下产生的抽象概念。在其现实性上，是从事劳动生产的个人的活动，在商品社会表现为物的自然属性而不受制于一定的生产条件与生产关系，进而表现为货币这一抽象中介的独立性，实际上是货币充当了人的本质。在资本拜物教中，随着生产力的发展与生产关系的独立化，资本全面地统治个人，作为统治性的社会关系，个人成为资本掌控下的产物。资本既通过物的形式，又通过超感官的神秘主体的形式，统治着人的活动。由此，个人的独立性的基础从商品转移到资本，从较小的生产与交往范围转化为世界范围，从较不明显的物物交换的远古时期一直发展到商品经济高度发达的资本主义社会。在资本主义意识形态中，基于资本的全面统治而产生的独立个人的观念，不仅完成了对人在各个社会领域中的异化，而且完成了对人的历史性存在的异化。雇佣劳动条件下的个人活动的自由最终被宣称为人的天然的使命、人权与永恒的理想。

三 从抽象个人到自由人的联合体

黑格尔立足于当时德意志的现实提出了自己的国家方案，而随着资本主义经济的迅猛发展，马克思早在 19 世纪上半叶就已经看到资本主义国家的历史局限性。马克思自身的实践经历也促使他更快地从青年黑格尔派中脱离，转而批判黑格尔的社会方案。从"物质利益难题"的遭遇开始，马克思就自觉站在广大穷苦人民的立场上思索社会发展的问题，这使得他对于私人利益与普遍利益之间的矛盾的理解自始就没有受到资本主义意识形态的束缚，而是逐步走向历史现实深处，由现实的人的历史发展形式出发扬弃黑格尔国家观的共同体理念，探索人的解放的现实道路，提出消灭私有制，建立"自由人的联合体"。

与之前其他哲学家不同，黑格尔虽然不能摆脱资本主义意识形态的束缚，以哲学形式表达着资产阶级的主观愿望，但是黑格尔看到，独立的个人所对应的个人自由有其自身的缺陷，纯粹的个体自由就是主观任意性。黑格尔曾批评卢梭的契约理论，指出基于主观任意性所建立的社会，即使依据少数服从多数的原则，那么最终也只是某种主观意见，不能保证就是普遍的个人利益的客观反映。因此黑格尔提出伦理国家的建构问题，认为只有通过国家的规范，才能避免主观任意性带来的混乱，同时保证市民社会与国家中私人利益的实现。

早在《黑格尔法哲学批判》中，马克思就提出国家与市民社会的关系问题，初步指出不是国家决定市民社会，而是市民社会决定国家的观点。在这一观点背后，马克思实际上是对等级要素的现实性问题有了深刻认识。他看到在等级议会中，各等级代表不是依据"理性"反映现实状况，而是由他们的实际利益出发，抹杀穷苦人民的生活权利，剥夺大众的生活条件。这种矛盾使得马克思对黑格尔哲学的信念产生动摇，进而迅速地转向对社会现实道路的独立探索中。在黑格尔那里，通过国家体制调解了私人利益与普遍利益之间的矛盾，在普遍的共同体中，私人利益得到了实现。经由对黑格尔国家观的批判，马克思在《论犹太人问题》中进一步揭示出政治国家的虚幻共同体的性质，"前一种是政治共同体中的生活，在这个共同体中，人把自己看做社会存在物；后一种是市民社会中的生活，在这个社会中，人作为私人进行活动，把他人看做工具，把自己也降为工具，并成为异己力量的玩物"①，政治国家的存在不过揭示了世俗生活本身的二重性，即市民社会中私人利益的战场与政治国家中平等自由的假象的对立。

黑格尔虽然看到市民社会中私人利益之间的冲突，寄希望于以理性原则建立的国家，作为普遍性的代表解决个别性之间的对立，但是黑格尔不能理解国家的本质，国家并不是依据主观意愿或从理论体系中抽引出的各种原则而得以建立的。与黑格尔不同，马克思恩格斯从国家的历史发展中，考察国家的起源，并从中揭示出国家的本质，批判资本主义国家的虚幻共同体性质。

---

① 《马克思恩格斯文集》第 1 卷，人民出版社，2009，第 30 页。

在黑格尔对世界历史的考察中，国家是极其重要的理性的实现形式，只有形成国家的民族（亦即民族精神）才属于世界历史的进程。黑格尔将国家视为私人利益与普遍利益的最终统一，"'国家'便是合理的、客观地自觉的、为自己而存在的自由，因为合理的自由在一种客观的形式里实现了它自己，并且认识了它自己。原来它的客观性是这样组成的——它的各因素并不仅仅是理想的，而且是在一种特别的现实里表现的；它的各因素在分开的、个别的活动中间，它们绝对地并合于那种作用里，全体——心灵——个体的统一便是在那种作用里产生的，便是那种作用的结果"①，因此国家既是理性自我实现的手段，又是绝对精神的客观现实，只有通过国家才能显现绝对理性所要求的普遍统一性。

黑格尔认为国家的起源及发展过程就是理性的内在必然性，这一发展过程在形式上也是通过黑格尔著名的"三一式"来完成的。最初，"一个国家第一次的产生是靠威力和本能"②，对于统治者的畏惧成为民族与理性的现实联系，进而转化为意志的联系，特殊意志与普遍意志于是结合为"观念"，"'观念'表现出来便是国家"③。这一国家最初形式是王权，代表着家长制国家的形成。在此基础上，特殊性与个别性进一步发展，产生贵族政体与民主政体。在最后阶段，作为单一性的王权与发展了的作为特殊性与个别性的贵族与民主政体实现了统一，即君主立宪制的国家。依据这一原则，即根据在国家中个人自由的实现程度，世界历史经历了从东方世界单个人的自由，到希腊直接自由政体和罗马贵族政体的多数人的自由，最后到日耳曼民族实现普遍自由的现代国家。可见黑格尔根据客观普遍性的原则，由抽象原则出发论证现实国家。

与黑格尔立足理性原则的出发点不同，恩格斯指出，"国家也不像黑格尔所断言的是'伦理观念的现实'，'理性的形象和现实'"，

① 〔德〕黑格尔：《历史哲学》，王造时译，上海书店出版社，1999，第49页。
② 〔德〕黑格尔：《历史哲学》，王造时译，上海书店出版社，1999，第48页。
③ 〔德〕黑格尔：《历史哲学》，王造时译，上海书店出版社，1999，第48页。

"国家决不是从外部强加于社会的一种力量"①。相反，国家是历史发展的产物。从历史起源上看，其是在不同氏族制度中逐渐发展出来的。氏族制度产生于落后生产力的原始生产形式中，这种落后的社会组织形式中没有尖锐的内部的对立，只是依靠舆论作为强制的制约手段。随着经济条件的发展，氏族中分化出自由民与奴隶，剥削关系随之产生，仅仅通过氏族关系不能调和这一对立，由此，基于最初的阶级之间激烈斗争，国家取代了氏族。在不同地区和民族中，国家的具体差异也不像黑格尔所说是理性在不同发展阶段上的外化，而是不同的民族发展状况的不同而形成的不同的国家发展过程。在雅典，国家直接从氏族社会内部产生的阶级对立中形成。在罗马，氏族社会的瓦解经历了平民对血族制度的反抗和摧毁，才得以在新的国家基础中调和氏族贵族与平民的矛盾。在德意志，国家从被征服的广大领土中产生，又由于征服与被征服领地经济发展程度相似，故氏族发生了延续与演变，其存在时间也更长久。

通过对国家历史渊源的考察，恩格斯进一步指出，"国家是社会在一定发展阶段上的产物"②。在经济条件中互相敌对、互相制约的对立面，由于控制矛盾双方的斗争不至于消灭整个社会的需要，产生出居于双方对立之上的控制力量，即国家。可见国家不是永恒的精神实体，而是产生于对阶级对立状况的调和与控制，随着经济基础的发展而不断改变着自己的形式。资本主义国家也不像黑格尔所认为的那样是私人与公益之间的斗争的解决，相反，资本主义国家是资产阶级进行统治的暴力工具，"不过是管理整个资产阶级的共同事务的委员会罢了"③。

正如氏族组织在经济取得更高发展的阶段就被各种国家形式取代一样，资本主义国家也必然随着资本主义经济关系的消灭而灭亡。因此，国家不是人的解放的最终手段和形式，仅仅停留于国家制度

① 《马克思恩格斯文集》第4卷，人民出版社，2009，第189页。
② 《马克思恩格斯文集》第4卷，人民出版社，2009，第189页。
③ 《马克思恩格斯文集》第2卷，人民出版社，2009，第33页。

改良的政治解放也并不是真正的人的解放。个人之所以在市民社会领域中互为敌对，正是由于在私有制条件下，人的原则服从于物的原则，个人受制于商品、货币以及资本的强大统治力量，而与资本主义条件下的整个社会相对立，即人与自己的社会关系相对立。马克思认为要实现人的解放不能依赖资本主义国家，而是要超越虚幻共同体，重新建构人的社会关系，形成真正的共同体。国家只是一定历史阶段上的社会组织形式，历史最终要扬弃这一暂时的形式。那么问题就在于如何实现人的现实的解放与实现何种共同体。马克思恩格斯对这一问题的思考经历了一个从"类存在"到"社会化的人"，再到"自由人的联合体"的探索过程。

早期马克思恩格斯通过"类存在"与"类意识"表达了只有在对整个人类总体的观念中才能取得个人的现实性的理解，只有通过类存在向个体存在的复归是现实个人的解放。在《论犹太人问题》中，马克思认为个人应当意识到个人本身就有的社会力量就是他自身的力量。社会力量向个体的复归首先要超越政治力量作为社会力量与个人的对立。在具体生产生活中，恩格斯指出如果单个人仅仅从个人出发就只能受制于商品经济运行的自然规律，而如果在人类整个生产的过程的类意识，那么个人就在经济规律面前具有主动性，"而不是作为没有类意识的分散原子进行生产"①。可见此时"类存在"与个人的关系还仅限于整体与部分、普遍性与个别性之间的联系，其概念内涵也没有更明确的界定。

在《1844年经济学哲学手稿》中，马克思将"类存在"抑或人的"类本质"与人的社会性直接联系起来，并从分工的维度分析了个体与类，亦即个体与社会存在的异化关系。马克思借用了费尔巴哈的"类本质"概念，同时超越了费尔巴哈自然人意义上的"类本质"，指出人的类本质就在于人在社会性中实现自身，社会性是人的普遍存在物的现实维度，"人是类存在物，不仅因为人在实践上和理

---

① 《马克思恩格斯文集》第1卷，人民出版社，2009，第75页。

论上都把类——他自身的类以及他物的类——当做自己的对象；而且因为……人把自身当做普遍的因而也是自由的存在物来对待"①。马克思没有停留在抽象的概念中谈论类存在，而是指出只有扬弃私有财产才能获得类存在的解放，"对私有财产的积极的扬弃，作为对人的生命的占有，是对一切异化的积极的扬弃，从而是人从宗教、家庭、国家等等向自己的合乎人性的存在即社会存在的复归"②。同时，马克思从分工来理解个人与类的对立关系，亦即个人从社会存在中异化的异化关系。"分工和交换是人的活动和本质力量——作为类的活动和本质力量——的明显外化的表现"③，通过分工，国民经济学实际上论证了私有财产的合理性，因此，"分工是关于异化范围内的劳动社会性的国民经济学用语"④。从而马克思从劳动的社会性的意义上指明了人的"类本质"的内涵，那么在以私有财产为前提的分工条件下的劳动，就构成人与人的类本质相异化的具体表现形式。最后，马克思指出应当扬弃社会与个人的对立，"应当避免重新把'社会'当做抽象的东西同个体对立起来"⑤，实现人向人的类本质的复归。

在《德意志意识形态》中，马克思恩格斯在发现现实的人基础上指出消灭异化的现实道路。现实的人的社会化过程，抑或社会关系的形成过程，是在每一历史阶段上的个人与每一代人都从前一阶段中继受下来的"生产力、资本和社会交往的总和"上的自我生产，是在历史每一个新的阶段上进行物质生产的结果。资本主义社会同样是这样一个历史阶段，消灭这一特殊阶段对社会化的人的异化，就要通过消灭私有制，"消灭劳动"与"消灭分工"的历史道路来完成。首先，马克思将1844年对私有财产的考察进一步推进到私有制的历史产生。私有制是从手工业发展的一定阶段产生出来，对于推进手工业发展以及小工业的发展有着积极的历史意义，私有制并

---

①　《马克思恩格斯文集》第1卷，人民出版社，2009，第161页。
②　《马克思恩格斯文集》第1卷，人民出版社，2009，第186页。
③　《马克思恩格斯文集》第1卷，人民出版社，2009，第241页。
④　《马克思恩格斯文集》第1卷，人民出版社，2009，第237页。
⑤　《马克思恩格斯文集》第1卷，人民出版社，2009，第188页。

不主导社会主要矛盾。而伴随着大工业的高度发展，私有制成为造成生产自身矛盾的主要根源，而这一矛盾的解决只有依赖大工业的发展。而这种私有制并不是消灭个人对自己劳动产品的占有，而是消灭资本主义生产方式下的私有制，即劳动材料掌握在少数资本家手中以至于广大劳动者一无所有的私有制。其次，消灭分工即消灭以私有制为前提的强制分工。强制分工与私有制同样是历史的产物。在手工业及小工业发展的时期，分工取决于自然条件与以自然条件为基础形成的财产关系，分工从自然共同体与家庭中直接分化出来，因此与分工直接结合的是如土地、水域等的自然条件和家庭与部落的组织形式。而随着大工业的兴起，分工不再是自然生产形式的结果，分工成为劳动本身的结果，受制于劳动自身的积累，成为劳动的结果。同时，分工依赖于交换关系的扩展，劳动本身对分工的影响采取物的形式即商品与货币的形式。从而大工业是与分工的发展同步发展起来，并依赖分工才得以可能。最后，消灭劳动即消灭私有制条件下的强制劳动与异化劳动形式。在私有制条件下，劳动制约于既有的分工体系，对于单个人来说，分工是单个人的劳动完成社会化的必要途径，这种强制分工不以个人意志为转移，单个人隶属于分工的现象，只有通过消灭私有制和劳动本身才能消灭。

《共产党宣言》中明确提出"自由人的联合体"这一概念，作为历史发展的必然结果，"自由人的联合体"思想为从社会关系层面理解个人自由、从现实生产的历史过程理解人的解放提供了明确的前提，揭示出资产阶级自由、平等以及人权等观念中作为前提的"个人"抑或"个人的自由"的概念只是特定历史时期对现实的人的抽象。正如马克思所说，"各个人的出发点总是他们自己，不过当然是处于既有的历史条件和关系范围之内的自己，而不是意识形态家们所理解的'纯粹的'个人"①。

首先，个人的自由劳动只有在消除私人劳动与社会劳动的矛盾

① 《马克思恩格斯文集》第1卷，人民出版社，2009，第571页。

的条件下才得以可能。在资本主义社会，私人劳动的产品必须通过交换，实现对另一特定社会需要的满足，才最终完成私人劳动作为社会劳动的转换。交换体系逐渐成为私人劳动的直接目的，而不是手段，从而决定着私人劳动的内容，制约着个人对劳动条件的选择。而在自由人的联合体中，个人劳动直接同时是社会劳动。社会取代资本家对生产力发展、产品交换和交换手段的支配权，而重新分配于社会全部成员的需要，首先将消除大工业资本时代的种种弊端，包括终止危机、消除生产过剩与贫困之间的不平衡。大工业的发展随着私有制的消灭而突破了固有的限制，在社会的推动下产生现有大工业之于过去手工业的成倍的发展规模。而农业也将获得满足全体社会成员所需的技术手段，并突破小块土地对农业生产规模的限制。这是由于调节社会生产的不再是商品抑或资本，而是社会本身。联合体将使得生产力的发展程度与人们的总体需要相吻合，不再牺牲或剥削一部分人的利益来满足另一部分人的利益，从而满足全体人的发展需要。城乡之间人口的不平衡与工业、农业发展的需要之间的矛盾也就随之消失。因此城乡之间不再存在对立，而只是不同区域之间发展方式的差别。私人劳动便不再受到交换体系的制约，也不再经由旧式分工体系的中介，而直接成为社会性的劳动。

　　在《资本论》中，马克思进一步论述了在自由人的联合体中，调节个人生产与产品分配不再是资本原则，而是通过社会原则。与商品生产中社会必要劳动时间的作用类似，假定单一变量为劳动时间，那么"这样，劳动时间就会起双重作用。劳动时间的社会的有计划的分配，调节着各种劳动职能同各种需要的适当的比例。另一方面，劳动时间又是计量生产者在共同劳动中个人所占份额的尺度，因而也是计量生产者在共同产品的个人可消费部分中所占份额的尺度。在那里，人们同他们的劳动和劳动产品的社会关系，无论在生产上还是在分配上，都是简单明了的"①。因此，在新的分工条件

---

① 《马克思恩格斯文集》第5卷，人民出版社，2009，第96～97页。

下，基于个体需要和自由选择的劳动同时就是社会化的劳动。

其次，个人能力的发挥以分工为条件而不再受制于分工体系。在旧式分工体系中，每个人都只能服从于某一生产部门，以这一生产部门所要求的特定形式进行个人的生产活动。旧式分工体系下的个人自由只是选择不同生产部门并受制于它的有限的被迫的自由。在这一特定部门的个人活动中，个人的全面发展亦即其他方面的发展必然受到限制。在资本主义生产某些高度发达的领域中，也已经出现对于这样片面能力的人的排斥，更加依赖于对更广泛的生产过程和领域的了解。而真正的自由人，在自由的社会分工体系中，社会对于个人的影响与教育将使得个人有能力根据自己的爱好或社会需要在不同部门之间轮流从事生产活动。进而，分工作为旧工业时代，亦即资本主义时代的发展成果，一方面为全面提高了的个人能力的发挥提供客观条件，另一方面为个人在自由的意志与选择的条件下继续发展个人能力提供条件，由此"根据共产主义原则组织起来的社会，将使自己的成员能够全面发挥他们的得到全面发展的才能"[1]。

最后，人的社会化与社会化的个人的发展相统一。在资本主义生产条件下，人的社会化的实现是通过屈从于外在的强制性条件来完成的。人的个性是通过他的阶级特性来规定的，单个人无法超越阶级关系。当在前一种生产关系不能容纳之前的生产力发展时，先前的个人从原有阶级关系中逐步解脱出来，就将先前的生产关系的束缚视为偶然的生产条件，然而正如当市民等级从农村贵族中解放出来时，市民等级并没有真正地实现人的个性，他的自我生产仍然受制于新的等级社会，受制于新的等级之间的差别与对立。马克思指出人们在资本主义条件下被设想得更加自由，而实际上他们更加屈从于物的力量。因此，"在资产阶级社会里，资本具有独立性和个性，而活动着的个人却没有独立性和个性"[2]。与之相反，自由人的联合体所要实现的正是个人在社会化过程中的个性解放。在被资本

---

[1]　《马克思恩格斯文集》第 1 卷，人民出版社，2009，第 689 页。
[2]　《马克思恩格斯文集》第 2 卷，人民出版社，2009，第 46 页。

支配的社会中，对个人来说是偶然的生产条件，在社会重新成为调节生产的主体的条件下，个人的自我生产条件同时成为他们自身的自由发展的条件，也就是个人在从事社会化活动的同时与自身作为社会化的个人的统一。

马克思在"自由人的联合体"思想中，批判了资产阶级意识形态中对个人自由与个性的遮蔽。"自由人的联合体"是经过人的物质生产的必然发展而产生的历史结果，是对阶级社会中个人屈从于强制劳动、强制分工与私有制条件下的生产阶段的超越。只有在消灭现有的生产关系，从而消灭现有的社会关系，消灭资本主义生产条件的历史前提下，才能实现真正的个性解放。

第二节　人的自然存在与社会存在

黑格尔抓住了现代社会的特征，将国民经济学的"一般劳动"这一经济学概念提升到哲学人类学的高度，提出劳动是人类历史的基本活动。不过黑格尔以思辨的方式理解劳动，进而思辨化地建构人类历史进程。黑格尔在绝对精神中实现了自然与社会的统一，但具体来看，自然界始终外在于历史发展，而只是作为"自在的绝对精神"。因此黑格尔不能理解现实的劳动活动，而马克思经过对劳动问题的批判，提出实践的观点，实现了人作为自然存在与社会存在的现实的统一。如果说"世界曾由于黑格尔而变成哲学的，变成为一个精神的王国，而如今，哲学则由于马克思而变为世俗的"①，那么这一从"精神"到"世俗"的转向正是在劳动问题中完成的。

一　劳动创造人本身

黑格尔对劳动概念的把握来自对国民经济学的二次抽象。国民经济学给出了劳动概念的经济学定义，认为劳动是财富的源泉，构

---

① 〔德〕洛维特：《世界历史与救赎历史》，李秋零、田薇译，生活·读书·新知三联书店，2002，第47页。

成商品社会的基本活动，从而完成了对现代社会中杂多的活动形式
的高度抽象。然而这种抽象只局限于经济领域，即黑格尔所概括的
"市民社会"。黑格尔则从这种经济学的抽象中敏锐且深刻地捕捉到
了现代社会的主体活动即劳动，并进一步将劳动抽象为人类历史的
基本活动，"我们在现世界所具有的自觉的理性，并不是一下子得来
的，也不只是从现在的基础上生长起来的，而是本质上原来就具有
的一种遗产，确切点说，乃是一种工作的成果——人类所有过去各
时代工作的成果"①。劳动的种种具体内容的差别仅仅具有经验层面
的意义，而使在这种劳动的基本活动得以超出经验层面成为历史性
的存在的，则是内在于其中的精神转化活动，"精神的转化"即黑格
尔劳动概念的本质。黑格尔认为，自觉其内在本质为精神转化的劳
动活动，才使得人从无意识的动物性的经验存在上升为人的自觉性
的历史存在，使得人类经验过程不再是以单纯的材料积累，或者无
限循环着的杂多共相，而是成为世代相继的不断自我否定发展着的
历史，"世界精神并不沉陷在这种没有进展的静止中。单就它的本质
来看，它就不是静止的。它的生命就是活动。它的活动以一个现成
的材料为前提，它针对着这材料而活动，并且它并不仅是增加一些
琐碎的材料，而主要的是予以加工和改造。……它就构成了每个下
一代的灵魂，亦即构成下一代习以为常的实质、原则、成见和财产。
同时这样接受来的传统，复被降为一种现成的材料，由精神加以转
化。那接受过来的遗产就这样地改变了，而且那经过加工的材料因
而就更为丰富，同时也就保存下来了"②，"精神的转化"即以加工
的形式对遗产的保存和再生产，过去的经验形式正是在这一转化过
程中得以扬弃，从而能够以一种能动的方式再生产出包含着现实性
的现存形式。只有通过这种转化作用，遗产在不断的被转化中，才

---

① 〔德〕黑格尔：《哲学史讲演录》第 1 卷，贺麟、王太庆译，商务印书馆，1959，
第 8 页。

② 〔德〕黑格尔：《哲学史讲演录》第 1 卷，贺麟、王太庆译，商务印书馆，1959，
第 9 页。

使自身中的永恒的合理性得以持存。如果"历史只是一系列过去了的知识形态的陈述，那么在这历史里就不能够发现真理，因为真理并不是消逝了的东西"①。所以，历史之所以能够成为哲学的对象，正是由于历史须在精神转化过程中不断发现自己的本质性形式。历史就表现为在自我否定中不断融旧更新的过程，从而形成不断自我生产出包含必然性趋向的有机体，直至这种必然性得以全部显现自身，这也就构成历史性的人类存在的完成形式。

马克思在 1844 年进行国民经济学批判时，再次对黑格尔哲学进行了批判。那么马克思为什么要对黑格尔哲学进行批判？关键在于劳动问题。马克思与黑格尔都看到劳动是现代世界的原则，但不同的是二者对劳动的把握方式。黑格尔的思辨哲学并不是对社会现实的无知，而是通过对劳动概念的深化形成了对人的现实存在的深刻把握。劳动在国民经济学中被视为财富的源泉，而在黑格尔哲学中，被进一步提升为现代社会的基石，因而具有哲学人类学的意义。黑格尔将以自觉理性为标志的现代性归结为人类劳动的产物，"我们在现世界所具有的自觉的理性，并不是一下子得来的，也不只是从现在的基础上生长起来的，而是本质上原来就具有的一种遗产，确切点说，乃是一种工作的成果——人类所有过去各时代工作的成果"②。具体来看，黑格尔通过主奴关系运动，揭示了人类社会如何通过劳动活动由传统社会进入现代社会。

在以往理解中，主奴关系似乎只关涉到承认问题，而事实上则揭示了人类社会从传统到现代的演变过程。在传统社会，主奴关系是占支配地位的根本社会关系。奴隶没有自身独立性，完全依赖于主人。奴隶只有在这种完全被支配的受动形式中，才获得自身存在的前提，"这就是他在斗争所未能挣脱的锁链，并且因而证明了他自

①　〔德〕黑格尔：《哲学史讲演录》第 1 卷，贺麟、王太庆译，商务印书馆，1959，第 14 页。
②　〔德〕黑格尔：《哲学史讲演录》第 1 卷，贺麟、王太庆译，商务印书馆，1959，第 8 页。

己是不独立的，只有在物的形式下才有独立性"①。主人统治着奴隶，进而将物的改造活动让渡给奴隶，奴隶的一切行动与意识因而完全服从于主人，自在自为的主人意识实际上构成了奴隶意识的本质。但是在这个阶段，奴隶还不能将主人意识内化为自我意识，他对于主人意识的存在处于绝对恐惧之中，"并不是在这一或那一瞬间害怕这个或那个灾难，而是对于他的整个存在怀着恐惧"②。正是在这种恐惧中，奴隶通过改造物的活动，即劳动，来完成主人的意志。奴隶的劳动过程，也就是其自在自为本质获得自我实现的过程，即"这个纯粹的普遍的运动、一切固定的持存的东西之变化流转却正是自我意识的简单本质、是绝对的否定性、是纯粹的自为存在"③。意识的这种否定性本质最初作为欲望而出现，但是欲望对于自在自为的本质来说，只能提供暂时性的、稍纵即逝的满足。因而奴隶只有进一步地进行劳动活动，开始"陶冶事物"④ 的过程。在陶冶事物的过程中，意识的否定性本质外化为对象形式的改变，作为被改造了的对象固定下来，因此成为具有客观性与持久性的存在。在作为劳动对象的事物中，奴隶能够直观自身，意识到自己本来的独立性，即意识到自身的自在自为的本质。因此，陶冶事物的劳动过程的完成，就是奴隶意识作为"个别性或意识的纯粹自为存在"⑤ 的完成。当奴隶能够在自己的外化对象中看到自身的持存时，也就意识到自身是自在自为的自我意识，从而对前一阶段中的恐惧具有了否定的意义，即认识到对主人的服从关系是使得他克服自然存在的内在条

---

① 〔德〕黑格尔：《精神现象学》上卷，贺麟、王玖兴译，商务印书馆，1962，第145页。
② 〔德〕黑格尔：《精神现象学》上卷，贺麟、王玖兴译，商务印书馆，1962，第147页。
③ 〔德〕黑格尔：《精神现象学》上卷，贺麟、王玖兴译，商务印书馆，1962，第147页。
④ 〔德〕黑格尔：《精神现象学》上卷，贺麟、王玖兴译，商务印书馆，1962，第147页。
⑤ 〔德〕黑格尔：《精神现象学》上卷，贺麟、王玖兴译，商务印书馆，1962，第148页。

件，这一过程所实现的"正是他的纯粹的自为存在，不过这个自为存在在陶冶事物的过程中才得到了实现"①。因此，奴隶通过劳动，通过对事物的陶冶，从非独立的、依赖于主人的意识，转化为独立的、自在自为的自我意识，从而扬弃主奴关系，进入现代社会。由此黑格尔完成了以劳动为基石的现代性建构。正是在这个意义上，马克思肯定黑格尔"抓住了劳动的本质，把对象性的人、现实的因而是真正的人理解为人自己的劳动的结果"②。因此黑格尔并不是对劳动无知，而是通过形而上学的方式把握劳动，进而思辨地理解现代社会。

　　对此马克思指出，"黑格尔唯一知道并承认的劳动是抽象的精神的劳动"③，也就是说黑格尔并没有深入真正的现实之中。基于这一点，费尔巴哈旗帜鲜明地提出要重回唯物主义的基地，针对黑格尔哲学的唯心主义性质展开批判。在这一意义上，可以说"对国民经济学的批判，以及整个实证的批判，全靠费尔巴哈的发现给它打下真正的基础。从费尔巴哈起才开始了实证的人道主义的和自然主义的批判"④。同时也可以看到，费尔巴哈的实证批判，还保留着人的先验本质这一抽象的逻辑主体，他没有找到一条现实的批判道路，即将绝对精神所包含的具体历史内涵从抽象上升到具体的批判道路。因此费尔巴哈的实证的批判，停留在"感性的还原"，而没有达到"感性的具体"，这正是因为劳动概念没有出现在费尔巴哈的哲学视野之中，因此必然地退回到感性直观，而没有看到黑格尔哲学以劳动为基础所构建的现代性原则。黑格尔认为，在现代社会中，"个别的人在他的个别的劳动里本就不自觉地或无意识地在完成着一种普遍的劳动，那么同样，他另外也还当作他自己的有意识的对象来完成着普遍的劳动；这样，整体就变成了他为其现身的事业的整体，

①　〔德〕黑格尔：《精神现象学》上卷，贺麟、王玖兴译，商务印书馆，1962，第148页。
②　马克思：《1844年经济学哲学手稿》，人民出版社，2014，第264页。
③　马克思：《1844年经济学哲学手稿》，人民出版社，2014，第264页。
④　马克思：《1844年经济学哲学手稿》，人民出版社，2014，第290页。

并且恰恰由于他这样献出其自身，他才从这个整体中复得其自
身"①，从而劳动不仅是具有特殊性的活动，同时具有普遍性的意
义，不仅生产着独立的个人，同时生产着整个社会。在此基础上，
黑格尔进一步提出了市民社会的两大基本原则：第一，市民社会以
具体的特殊性为原则，即"具体的人作为特殊的人本身就是目
的"②；第二，特殊性以普遍性为中介，即"每一个特殊的人都是通
过他人的中介，同时也无条件地通过普遍性的形式的中介，而肯定
自己并得到满足"③。

　　根据黑格尔的市民社会原则，个别劳动者创造普遍财富的同时，
将会获得自身需要的满足。但是在现实状况中，劳动者却愈加贫困，
劳动个体非但没有获得自身满足，反而受制于自己的整个劳动活动，
即受制于劳动产品、劳动过程和劳动中结成的社会关系。也就是说，
现实的劳动与黑格尔的原则性劳动相反，是通过异化劳动形式存在
的。当黑格尔以劳动为现代性奠基时，只看到了劳动对确证人自身
主体力量的积极意义，而没有看到真实的劳动形式中，劳动者与劳
动过程、劳动产物的敌对关系。黑格尔哲学的抽象性并不在于没有
把握社会现实，而是仅仅以思辨的方式把握社会现实，因此马克思
的唯物主义批判，是以现实性为原则，不是像费尔巴哈那样以"感
性抽象"代替"精神抽象"，而是从概念深入历史深处，将劳动由
原则性上升到具体性，将思维对象转化为现实对象。

　　马克思的"实证的批判"，使得劳动不再返回到国民经济学家的
非历史的实证性之中，而是通过扬弃黑格尔历史观的思辨性，同时
扬弃国民经济学的非历史性，从而使劳动得以在现实历史维度中展
开为人类生产活动的矛盾运动。在马克思看来，"黑格尔唯一知道并
承认的劳动是抽象的精神的劳动"④，也就是说，一切劳动只有在内

① 〔德〕黑格尔：《精神现象学》上卷，贺麟、王玖兴译，商务印书馆，1962，第
　　265 页。
② 〔德〕黑格尔：《法哲学原理》，范扬、张企泰译，商务印书馆，1961，第 224 页。
③ 〔德〕黑格尔：《法哲学原理》，范扬、张企泰译，商务印书馆，1961，第 224 页。
④ 马克思：《1844 年经济学哲学手稿》，人民出版社，2014，第 264 页。

在地完成了精神的转化的条件下，才排除了特殊的偶然性和个别的任意性，从而在必然的普遍意义上成为历史性的活动。而马克思则是要将现代劳动形式重新提升为历史性存在的同时，也提升为现实性的存在，这意味着再一次全面地将劳动活动展开为现实的矛盾运动，从而在新的历史基础上完成黑格尔的课题，即扬弃自然与精神的对立，从而完成对绝对精神抽象统一性的彻底批判。

正是在这一劳动历史现实化的批判中，呈现出经济学与哲学合流的可能性与必要性。黑格尔哲学与国民经济学共同构成马克思劳动思想的两大思想来源，马克思分别继承了二者的历史性原则与实证科学的原则，并同时将二者扬弃于新的现实基础之中。对这一问题的思考首先呈现于马克思所指认的劳动与自身相异化的四个方面中。劳动在其历史性上，是人与自然的关系、人与人的社会关系、人作为社会化的个人的整个形成过程；在其实证的科学性上，表现为人与劳动对象、生存资料的关系运动，由此形成了异化劳动的四个规定。基于这四个规定，可以发现，在国民经济学中，劳动不是作为自身矛盾运动的全体的结果，因此在劳动的历史性上不具有现实性；在黑格尔哲学中，劳动运动的历史性原则没有贯彻于现代矛盾形式的分析，精神转化的本质性劳动最终导向了二重性存在的伦理国家，因此对现存劳动形式的分析仍然不具有现实性。

二 人是自然存在与社会存在的统一

黑格尔由于不理解现实的劳动，也就不能正确地理解人与自然界的关系和人与人的关系。在自然哲学中，黑格尔退回到一种感性直观。黑格尔吸收了当时自然科学的最新成果，总结了自然科学的总体规律，并以之解释自然界的运动形式。在自然哲学中，黑格尔预测到了很多后来自然科学发现所证明的结论。这也正是由于辩证法本身就是在人生产自身的历史中形成的认识规律，黑格尔哲学不自觉地包含着的这一宝贵成果，即辩证法、逻辑学、认识论三者的统一。

　　黑格尔以逻辑学为先验的存在、完成了的自然形式，因此他能够将自然科学作为自己的哲学科学体系的一个部门。但是，辩证法只能是从诸学科研究的整体之中不断总结和发展，其自身是无限发展着的，而不是从外部注入诸学科的教条与纯形式。诚然，由于自然科学内部诸门学科发展水平之不同步，辩证法的形式化应用必在某些领域得出后来得以证明的正确结论，但同时，也必将带来牵强附会的谬论。黑格尔将辩证法全部地由外部注入了自然界之中。这一建构，"无非是对抽象思维者来说如此难以实现、因而由他作了如此离奇的描述的从抽象到直观的过渡"[1]。"被抽象地理解的、自为的、被确定为与人分隔开来的自然界，对人来说也是无"[2]，它既不在人的劳动对象之中，也不可能出现在人的认识视野之中。而自然界只能作为人化自然界，即只能在人的活动之中才能与人的自我生产一道生成统一的理解，"正因为被对象所设定，才得以在对象身上表现自己的生命。创立对象，与被对象所创立，在这里被统一起来了"[3]。自然界只有在人类活动之中才能形成认识，人的认识和发现的能力和手段本身也是历史的产物，每一时代对于自然界的探索，其所谓超然于社会历史之外的自然科学本身，其发展的动力、条件、知识前见，都是特定历史时期的结果，是人的自我生产的需要，包含农业、工业与商业等可以做出无限细分领域的人类自我生产整体的需要的结果，而不是凭空落于某个或者某些科学家身上的神造之物。自然界也由此被纳入历史，它直接地与人的生存与死亡相关，与人的主观存在与客观存在相关，与人的有机存在与无机存在相关，与人的体力发展与脑力发展相关。从这一点来说，人是自然存在物，人类历史也不能够剥离开人与自然的关系而自在。从还原论的视角来看，历史只能被还原为人的历史与自然的历史，但是，历史又不

---

[1]　马克思：《1844 年经济学哲学手稿》，人民出版社，2014，第 279 页。
[2]　马克思：《1844 年经济学哲学手稿》，人民出版社，2014，第 280 页。
[3]　王德峰：《马克思意识概念和生产概念的存在论探源——兼论海德格尔对马克思的批评》，《复旦学报》（社会科学版）2001 年第 6 期。

可能被如此还原，因为人的历史与自然的历史二者互相依赖而无法分割。当把二者分开言说之时，人的历史只能被理解为包含自然主义的人道主义发展史，自然的历史只能被理解为包含人道主义的自然主义发展史，否则二者皆无从言说，无所指称。

黑格尔以绝对主体性理解劳动中人与自然的关系，没有在人与自然的能动关系中理解劳动过程。在主奴辩证法中，黑格尔认为劳动起到至关重要的作用。奴隶通过劳动，通过对象化活动，扬弃主奴关系，最终完成独立的自我意识的建构。而在这一过程中，劳动被理解为"设定"，劳动过程就是"自我意识的外化设定物性"[①] 的过程。因此，劳动对象对于主体只有作为对象的对象性的意义，而不是由于其自身的性质而成为劳动客体。换言之，物性本身不具有实体性意义，只是纯粹的主体创造物，"物性因此对自我意识来说决不是什么独立的、实质的东西，而只是纯粹的创造物，是自我意识所设定的东西，这个被设定的东西并不证实自己，而只是证实设定这一行动"[②]，因此对象本身的特质被虚无化了。因此，自然界对于绝对精神，只是作为被设定的对象性存在，是绝对精神外化自身的产物，"对抽象思维者来说，自然界必须扬弃自身，因为他已经把自然界设定为潜在地被扬弃的本质"[③]，自然界不具有独立的客观性，其自身特质完全被作为绝对主体的绝对精神的内化对象。因此，自然界在黑格尔那里只能被理解为抽象概念，自在地运动从而证明主体的主体性的存在物，"对他来说整个自然界不过是在感性的、外在的形式下重复逻辑的抽象概念而已"[④]，自然界本身不存在任何变化，只是自身的重复与循环。而实际上，自然界在人的改造活动中，不断地变幻自身形式，人类在劳动活动中，不断发现自然规律，自然规律也反过来影响人的劳动活动。自然规律并非像黑格尔那样被

---

① 《马克思恩格斯文集》第 1 卷，人民出版社，2009，第 207 页。
② 《马克思恩格斯文集》第 1 卷，人民出版社，2009，第 209 页。
③ 《马克思恩格斯文集》第 1 卷，人民出版社，2009，第 222~223 页。
④ 《马克思恩格斯文集》第 1 卷，人民出版社，2009，第 221 页。

完全概括于绝对精神自在存在的概念体系中，而是随着人们实践活动的发展而不断被发现，人们对自然界的认识也没有被终结，而是在实践活动中不断推进到更广泛和深入的层面中。如恩格斯所言，"事实上，我们一天天地学会更正确地理解自然规律，学会认识我们对自然界习常过程的干预所造成的较近或较远的后果。特别自本世纪自然科学大踏步前进以来，我们越来越有可能学会认识并从而控制那些至少是由我们的最常见的生产行为所造成的较远的自然后果。而这种事情发生得越多，人们就越是不仅再次地感觉到，而且也认识到自身和自然界的一体性，那种关于精神和物质、人类和自然、灵魂和肉体之间的对立的荒谬的、反自然的观点，也就越不可能成立了"①。而如果像在黑格尔自然哲学中所表现的那样，仅仅把自然界理解为纯粹受动的客体，那么在绝对的主体性活动中，就会违背自然规律，破坏自然原有平衡，从而必然导致自然界对人类生产与生活的消极反作用，其结果只能是人与自然的两败俱伤。

可见，劳动是科学理解人与自然有机联系的锁钥。政治经济学家虽然提出了劳动概念，但是没有正确地理解劳动活动，"政治经济学家说：劳动是一切财富的源泉。其实，劳动和自然界在一起才是一切财富的源泉"②，这表明脱离自然界是无法理解人类劳动的，劳动就会成为一个抽象概念。在黑格尔那里，劳动作为精神活动，就是由于将自然界作为现实活动的外在对象，而不是劳动的有机构成，因此劳动脱离了它的物质生产属性，成为抽象的概念。劳动不仅让人更深更广泛地了解自然规律，同时人类通过劳动改变自然界的形态，自然界也影响着人类劳动的具体方式，在这一意义上马克思又将自然界称为人的"无机的身体"。

三 实践是人的存在方式

马克思在探索现实的人的劳动活动的过程中，完成了对黑格尔

---

① 《马克思恩格斯文集》第 9 卷，人民出版社，2009，第 560 页。
② 《马克思恩格斯文集》第 9 卷，人民出版社，2009，第 550 页。

唯心主义劳动观的批判，提出了科学的实践概念。黑格尔将人的本质设定为自我意识，自我意识进行精神的外化活动，也即对人的主体性进行确证的设定活动，最终通过将绝对精神展开为整个人类历史，最终完成人作为自由的自我意识在现代社会，亦即资本主义社会中的实现。马克思则以劳动为突破口，重新建立起人与自然、人与社会之间的现实关系。如前所述，马克思对黑格尔唯心主义劳动观的集中批判是在《1844 年经济学哲学手稿》中，这一批判为在《关于费尔巴哈的提纲》与《德意志意识形态》中将实践确认为人的存在方式的思想提供了理论前提，这一过程也体现了马克思从政治学批判转入以政治经济学批判为理论切入点，而逐步深入社会现实，为探索实现人类解放这一根本目标的一脉相承的思想连续性。

人在实践活动中不断实现人与自然的和谐统一。人与自然的统一是人的实践活动的逻辑前提。从马克思主义理论体系的根本旨归来看，即"把人从自然界的束缚下解放出来，做自然的主人；把人从社会关系的束缚下解放出来，做社会的主人；从资本主义生产关系的束缚下解放出来，做自身的主人"①。因此，实践包含人与自然、人与人亦即个人与社会之间的矛盾的和解，"从根本上说，人与自然的关系、人与人的关系、人与其精神的关系，亦即在此基础上形成的人的自然属性、社会属性和精神属性统一于实践活动中"②。不同于黑格尔将自然界作为自在的绝对精神，马克思指出人的实践活动中生成的人化自然界才是人的现实的自然界。人通过对象化活动不断对象化自身的本质，因而不断认识自然、改造自然，同时，人也在这一对象化活动中发展出属人的感性存在。人对于自然以及社会存在的感性知觉、感性认识，并不像哲学家们认为的那样来自上帝的启示抑或天性、天赋，而是通过劳动活动不断发展人类本身

① 孙熙国、孙蚌珠、张守民：《马克思主义基本原理前沿问题研究》，安徽人民出版社，2015。
② 杨耕、陈志良、马俊峰：《马克思主义哲学研究》，中国人民大学出版社，2000，第 243 页。

的认识与实践能力来获得的，"一句话，人的感觉、感觉的人性，都是由于它的对象的存在，由于人化的自然界，才产生出来的"①。只有在人与人化自然界的辩证关系中才能理解现实的人，同时理解现实的自然界。因此理解现实历史中的人，也就是理解人通过劳动创造的关于人类自身发展的历史，"因为对社会主义的人来说，整个所谓世界历史不外是人通过人的劳动而诞生的过程，是自然界对人来说的生成过程"②。

　　自然界的人化过程亦即人成为社会化的实践主体的历史过程。黑格尔由于将人的劳动抽象化，因而不能在实践基础上正确认识人的社会关系。在黑格尔那里，社会关系作为人的自由的实现是通过国家统一体完成的，个人认识到国家是个人利益的普遍现实性，因而将自身投入社会分工中，同时实现个人与社会利益，个人也就作为市民社会与家庭中的成员，同时成为普遍共同体中的一员，每一个国家成员都通过自身的劳动实现自身，也促进其他人的利益的实现，从而在国家中人由自我意识进入人类的普遍精神。黑格尔将社会抽象化为资本主义国家的政治理想，仍然停留在对现实个人的抽象理解中，而真正的社会关系是人的实践的产物。黑格尔以国家形式表达的资产阶级自由平等的理念，直接地是对资本主义生产条件下的个人劳动的条件的理论反映。

　　马克思在《关于费尔巴哈的提纲》中指出新唯物主义立足于"社会化的人"，并指出"人的本质是一切社会关系的总和"，实践与社会关系有着内在的必然联系，马克思"从内在根据层面将人的本质归结为实践"，"从现实性表现层面将人的本质归结为一切社会关系的总和"③。实践是人的存在方式，恩格斯曾写道"人类社会和动物界的本质区别在于，动物最多是采集，而人则从事生产"④，正

---

① 《马克思恩格斯文集》第1卷，人民出版社，2009，第191页。
② 《马克思恩格斯文集》第1卷，人民出版社，2009，第196页。
③ 孙熙国：《唯物史观的创立与人的本质的发现——从〈关于费尔巴哈的提纲〉一处误译谈起》，《哲学研究》2005年第11期。
④ 《马克思恩格斯文集》第10卷，人民出版社，2009，第412页。

如《德意志意识形态》中写道的，"一当人开始生产自己的生活资料，即迈出由他们的肉体组织所决定的这一步的时候，人本身就开始把自己和动物区别开来"①，这表明人在自己的实践活动中生产着社会关系，亦即人是通过社会关系的形式完成自我生产的，人的社会生活的本质只有在实践中才能把握。马克思恩格斯进一步指出，实践是社会的历史的活动，物质实践有其具体的历史的形式，例如工业本身就是人以社会化的形式进行的适应自然、改造自然、重塑自然的历史性活动。在资本家看来，工业就是运用各生产要素，支配劳动者进行劳动，对生产资料进行加工，从而谋取更多财富的过程。而工业在其本质上，是社会化的人在改造自然界中的生成过程，因而人的解放也只能通过推进这一过程自身矛盾运动的发展来实现，工业的历史本身就是人作为自然存在物生产自身的历史，就是现实的人的发展状况。马克思在批判鲍威尔时提到，"人对自然的关系这一重要问题……这是一个产生了关于'实体'和'自我意识'的一切'神秘莫测的崇高功业'的问题。然而，如果懂得在工业中向来就有那个很著名的'人和自然的统一'，而且这种统一在每一个时代都随着工业或慢或快的发展而不断改变，就像人与自然的'斗争'促进其生产力在相应基础上的发展一样"②。可见人在本质上是实践的，在实践中才能把握现实的人。

第三节　人民主体理论

黑格尔看到历史中伟大人物的重要作用，具有一定的合理性，其对历史人物的观点也不能简单归结为绝对的英雄史。但是黑格尔没有看到历史是人民群众的历史，而把世界历史归结为绝对精神，进而将历史人物与人民群众分割开，只见英雄，不见人民。因此黑格尔对历史人物的看法的局限性在于，认为历史性的人物与世界历

---

① 《马克思恩格斯文集》第 1 卷，人民出版社，2009，第 519 页。
② 《马克思恩格斯文集》第 1 卷，人民出版社，2009，第 529 页。

史之间的联系是精神性的，而不是具有客观物质性的联系。马克思恩格斯既承认个人在历史中的作用，同时又把个人的主体性置于人民群众的历史的客观性中，指出历史的现实主体是人民。

一　黑格尔的"世界历史个人"概念

黑格尔认为个人在历史中具有重要作用，认为个人是世界精神实现它的概念的必要手段，"抽象地说来，这个实现的过程包括多数个人的活动"①，而之所以是"多数人"，而不是"普遍的个人"，就在于黑格尔在历史哲学中所关注的是具有世界历史意义的个人的活动，这些个人代表了历史发展的关键时期与阶段性特征，影响着世界历史的发展，黑格尔将这些个人称为"世界历史的个人"，抑或历史人物。黑格尔的历史人物观既有一定的借鉴意义，又未能超越他的唯心主义历史观的局限性。

在黑格尔看来，评价历史人物应当依据他们所完成的伟大事业，而不能从私人视角出发，否则将会抹杀历史人物与普通人之间的区别。由于历史人物也具有常人的共同性，因此就引来了"心理学的"看法。这种看法将历史人物的一切互动归结为心理活动，或是狂热的热情，或者是病态的欲望，以研究历史人物私人的特性来解构历史人物，从而将他们从神坛上拉下。例如马其顿的亚历山大大帝，曾征服希腊，后东征亚细亚，这样的心理学研究者就将之归结为"不健全的征服欲"。黑格尔引用歌德的话来解释这种"仆人眼中无伟人"的现象，英雄之所以被解读为"变态的常人"，"但是那不是因为英雄不是英雄，而是因为仆从只是仆从"②。

与此相反，黑格尔强调，判别伟大人物应当以他们与世界历史进程之间的联系为依据，"他们之所以为伟大的人物，正因为他们主持了和完成了某种伟大的东西"③。伟大的历史人物往往推动新事物

---

① 〔德〕黑格尔：《历史哲学》，王造时译，上海书店出版社，1999，第39页。
② 〔德〕黑格尔：《历史哲学》，王造时译，上海书店出版社，1999，第33页。
③ 〔德〕黑格尔：《历史哲学》，王造时译，上海书店出版社，1999，第33页。

的产生，加速旧事物的灭亡。黑格尔认为历史之中充满"综合的关系"，这些综合的关系造成历史的冲突形式，即新制度与旧制度之间的矛盾。一方面，人们承认旧制度对现行权利与义务的规定；另一方面，现实中已经产生种种反对现行制度的要素，这些要素旨在摧毁现行的制度，而其中也包含"善良""大有裨益"等必不可少的要素。那么推动这些要素从潜伏的状态变为现实的状态，就要依靠历史人物，因此历史人物往往与历史变革紧密联系在一起。"它们在历史上实现它们自己：它们所包含的一个普通的原则，是和保持一个国家或者一个民族的那个普通原则有着不同的性质的。它们的普通原则在'创造的观念'的发展上，在'真理'向着自己本身的努力和追求上，是一个主要的因素，这样一个普通原则就在历史人物——'世界历史个人'们的目的中间。"[1] 历史人物对现行制度的腐朽性有着超越常人的认识，因而历史人物不是安居于现行制度之中，而是发现历史进程的必然性，从而推动历史朝着必然性的方向发展。

黑格尔进一步将历史人物与特定的国家兴亡紧密联系在一起，历史人物的历史功绩一定程度上仰赖于国家的力量。黑格尔认为国家是普遍利益得以实现的共同体，那么，推翻旧制度，建立维护更多人利益的国家，或者维护作为"普遍共同体"的国家的君王都是历史性的伟大人物，为此实行独裁或进行战争都是必要的手段。例如在评价恺撒时，黑格尔认为恺撒虽然利用国家实行了独裁，但是防止各省的分裂，因此对于罗马历史来说是一种"必要的使命"，因此恺撒可以是"本质上"属于世界历史个人的人物。在谈到拿破仑时黑格尔放下狭隘的民族冲突，肯定拿破仑的对外战争，认为通过战争传播了自由制度，具有历史必然性。又如黑格尔推崇腓特烈大帝，他率德意志军队参与欧洲战争，为国家稳定创造了先决条件，有效防范了欧洲强国对德意志的侵犯，提升了德意志的国力。黑格

---

① 〔德〕黑格尔：《历史哲学》，王造时译，上海书店出版社，1999，第30页。

尔认为腓特烈大帝实行各种开明政策发展经济，颁布普鲁士民法，是由于认识到国家是普遍利益的实体。因此黑格尔认为他在欧洲战争中显示了"权力的独立性"，又在国家治理中是第一个考虑普遍利益的君主，并将其称为"哲学的国王"，"在实践生活的范围内创始了一个新纪元的君主"①。

黑格尔所认为的国家的普遍性原则是有特定内涵的，并非所有的君主都是理想的英雄人物。黑格尔所谓国家，是从封建国家解体开始，伴随着君主政体的建立而产生的资本主义国家概念。那么只有在资本主义立宪君主国家中的君主，才是黑格尔理想的历史人物。黑格尔认为封建政体依靠永久地运用武力和权力斗争来维护，封建主依靠任性的非正义的原则行事。而在君主政体中，个人任性得以被法律限制，从而君主本人是国家意志的代表，而且共同体本身必须依赖君主来制服全体人民，个人成为社团的分子，诸侯变为由国家管理，因此君主的权威不再来自专制，而是要在各社团各阶级之间找到正义原则来争取政权的稳固。因此，这样既代表普遍利益，又贯彻正义原则的君主就是自由国家的最后的代表。

那么如何产生这样的现代君主呢？黑格尔认为这样的历史人物的产生的最终依据是历史发展的客观进程。尽管历史人物参与历史重大事件，有着不可替代的作用，但是黑格尔同时承认，个人的能力始终不可超越客观的历史进程，历史有着它的客观原则。从这一意义上说，黑格尔看到了历史发展的客观性，并不认为英雄人物是可以超越历史规律、超越时代的。例如黑格尔肯定拿破仑的个人能力，认为他凭借个人意志自立为国家元首，稳定了法国的整个社会状况，又精通治国方法，结束法国内政的混乱局面。其"性格上无限伟大的力量"使得他的视野转向国际关系，从而征服欧洲，极大地扩大了人们对自由民主的精神的认识。同时，黑格尔又将拿破仑的失败归结为法国人的宗教和民族意见，最终导致波旁王朝的复辟

---

① 〔德〕黑格尔：《历史哲学》，王造时译，上海书店出版社，1999，第450、453页。

统治，黑格尔转而关注国家内部的主张在党派与政府构成之间的斗争关系，认为"这种冲突、这种症结、这种问题，便是'历史'现在正在从事、而须在将来设法解决的"①。由于黑格尔是从绝对理念的原则出发考察历史进程，因此他只以关键性个人的意见在国家政体之中的表达为依据，而看不到人民群众对历史的根本性作用。他认为人民不过是社会混乱的制造者，是主观任意性的代表，是需要国家的客观性原则来限制的主观性领域。因此"黑格尔的历史观又不过是关于精神和物质、上帝和世界相对立的基督教日耳曼教条的思辨表现。在历史范围内，在人类世界本身范围内，这种对立表现为：作为积极的精神的少数杰出个人与作为精神空虚的群众、作为物质的人类其余部分相对立"②。

在个人对于历史进程的关系方面，黑格尔并不把历史进程归结为个人的功过，他所紧紧关注的更在于"理性"原则的实现和精神的世界进程，这使得他始终依据他的哲学体系的原则考察历史进程。至于历史中的个人能够推动或阻碍这种进程，在黑格尔看来很大程度上是偶然的。一方面，历史人物对历史进程的推动很可能与他们自身的利益背道而驰。从个人的视角看，个人在达成主观目的的同时，很可能带来预期之外的结果；从历史普遍进程的视角看，普遍的原则仿佛幕后的主导，促使个人去追求私利，这些私人目的之间产生冲突，抑或损伤，都不曾使得普遍精神的历程受到任何影响，黑格尔也将这种个人的热情受到历史普遍进程支配的情形称为"理性的狡计"。另一方面，历史人物即使使得个人目的与普遍利益相符，也可能遭遇各种挫折，这种情况，就是"这些'理想'——它们在生命的旅程中，碰上冷酷的现实的礁石，就被砸破而沉默了"③。所以，无论历史人物是推动还是阻碍历史的发展，都是偶然的和充满机遇性的，必然性的一方在于历史本身，即绝对精神作为

---

① 〔德〕黑格尔：《历史哲学》，王造时译，上海书店出版社，1999，第464页。
② 《马克思恩格斯文集》第1卷，人民出版社，2009，第291页。
③ 〔德〕黑格尔：《历史哲学》，王造时译，上海书店出版社，1999，第37页。

绝对理性实现自身的必然性之中，"当我们说'普遍的理性'当真实现了它自己的时候，我们确是不问个人的经验如何，因为个人的经验尽有好好坏坏的程度上的不同，因为在这方面，偶然和机会，就是特殊性从'概念'获得力量，来使用它庞大的权力"①。黑格尔最终将个人对于历史进程的作用，归功于绝对理念自身的能动性，从他的哲学原则出发来说明个人在历史中的作用。他虽然看到历史人物个人对于历史进程的作用受到客观条件的限制，然而将历史人物个人的主动性完全归为历史进程的必然性，一定程度上抹杀了个人在历史发展中的能动性。这样历史就称为"绝对理念自身通过思想范畴以特定的逻辑自我运动、自我开显和自我认识的结果，从而历史探讨便成为了对'无人身的人类理性'自我运动的考察"②。而由于黑格尔所依据的客观理性的原则，根本目的是建立君主立宪的资本主义国家，所以对于历史人物的评价最终脱离历史现实，从而对于个人与历史之间的联系的理解是思辨的，是纯粹精神性的联系。因此黑格尔从精神出发解释历史进程，从理性原则出发评价历史人物，正如马克思恩格斯所言，"在唯心主义者看来，任何改造世界的运动只存在于某个上帝特选的人的头脑中，世界的命运取决于这个把全部智慧作为自己的私有财产而占有的头脑在宣布自己的启示之前，是否受到了某块现实主义的石头的致命打击"③。

二　个人与世界历史进程

黑格尔以其宽广的世界视野和深刻的辩证法思想，发现了历史从单个民族国家走向世界历史的总体趋势，并指明世界历史同时就是人类实现自由的历史。但同时黑格尔将世界历史归结为绝对精神的自我外化，从而将个人消融在理性原则之中，既没有看到现实的

---

① 〔德〕黑格尔：《历史哲学》，王造时译，上海书店出版社，1999，第37页。
② 李成旺：《历史唯物主义的超越对象与超越路径》，《马克思主义与现实》2014年第5期。
③ 《马克思恩格斯全集》第3卷，人民出版社，1960，第630页。

个人是从事生产的个人，同时思辨化了世界历史与人的自我生产之间的现实的联系。马克思恩格斯则指明世界历史是人在生产中不断提高的生产力与不断扩大的交往关系的必然结果，人们在实践中不断从旧的生产力与生产关系的桎梏中挣脱出来，因此世界历史同时就是全人类解放的历史。黑格尔与马克思都将世界历史视为人的自由的实现过程，二者的不同在于黑格尔将世界历史的必然性归结为绝对精神，最终寄希望于资本主义国家，而马克思则将世界历史视为生产力与交往发展的产物，人们只能在实践中重新建立世界范围内的交往关系来实现自身解放。马克思对黑格尔及其他资本主义意识形态家的唯心史观的批判，也就是世界历史在资本主义阶段发展的客观趋势在思想领域中的必然反映。

世界历史首先愈加地表现为世界市场对单个人的异己的统治。在黑格尔那里，统治个人的不是人们现实交往的产物，而是理性原则。世界历史进程的理性原则就是不断完成自身最终目的的过程，从自身的"使命走向现实"，从不完美走向完美，从部分人的自由走向普遍性的自由，每一后来的阶段都是前一阶段中精神的内在目的。马克思恩格斯也主张从世界历史的视角看待个人的活动的历史性意义，指出"每一个单个人的解放的程度是与历史完全转变为世界历史的程度一致的"①。继 1844 年对经济学的研究以及对黑格尔批判之后，《德意志意识形态》中深化了从物质生产研究历史的思想路径，进而从世界市场的视角提出了世界历史观。马克思恩格斯指出，在唯心史观看来，历史必然由这些预设的"使命"与"目的"推动，但是实际上，"前期历史的'使命'、'目的'、'萌芽'、'观念'等词所表示的东西，终究不过是从后期历史中得出的抽象，不过是从前期历史对后期历史发生的积极影响中得出的抽象"②。也就是说，黑格尔虽然看到历史发展的内在必然性，但是对于这种必然性的把握方法是通过思辨的方式，将历史运动等同于概念运动，归结为概

---

① 《马克思恩格斯文集》第 1 卷，人民出版社，2009，第 541 页。
② 《马克思恩格斯文集》第 1 卷，人民出版社，2009，第 540 页。

念的自我否定。当黑格尔看到人在不同的政体中获得越来越广泛的范围内的自由时，正确地把握到资本主义的发展对于冲破封建主义奴役的积极意义，并将这种世界历史性的发展当作永恒的社会现实。而马克思同样看到不同的国家与民族正在日益连成整体，但是马克思同时深刻指出，这种整体性实际上是基于资本主义生产所形成的世界市场。

世界市场成为支配人的异己力量是资本主义生产方式的内在矛盾全球化的表现。从世界范围看，世界市场的形成首先表现为资本主义的对外扩张，使得世界范围内其他国家、民族与地区的原始生产方式遭到冲击和变革。世界历史正是在这种生产力与生产方式在全球范围内的扩展中形成的，如西方先进生产机器的输入使得东方原始手工业者的手工劳动形式被迅速取代。因此，世界历史并不是绝对精神的自我外化，而是经验的事实。虽然《德意志意识形态》中没有直接地批判黑格尔哲学，但是其主要批判对象即"现代德国哲学家"却是黑格尔哲学在当时德国思想界的延续，在这些"哲学家"的视野中，德国是上帝之手的神圣选择，是实现自由从而登上世界高峰的世界历史意义的民族国家。实际上，这些哲学家是从德国的狭隘视野出发塑造了精神的世界历史，而不是将德国置于现实的世界历史范围内的世界历史本身来考察。因此，其他国家与民族发生的历史事件，以及在最近的历史中的社会发展，都被视为为德国成为世界市场的一分子而作准备的精神运动的历史。例如对待法国大革命及欧洲战争的进程时，他们只看到观念的进程，只看到"观念的历史"，"这种历史是和构成这些观念的基础的事实和实际发展过程脱离的，而他们阐述这种历史的意图也只是把所考察的时代描绘成真正的历史时代即1840—1844年德国哲学斗争时代到来之前的一个不完善的预备阶段"①。因此，这些德国哲学家所看到的并不是真正的世界历史，而是为德国作准备的狭隘的民族史，在这样

---

① 《马克思恩格斯文集》第1卷，人民出版社，2009，第547～548页。

的"观念史"中，其他民族国家只具有从属的意义，而并不具有世界历史的真正主体性的意义，虽然在世界历史进程中提及其他国家与民族，但是"他们根本不承认其他民族的业绩是历史性的"①。

"德国哲学家们"从观念出发只看到了狭隘的德国民族史，并认为只有德意志民族才是世界历史性的民族。而他们所承认的德意志民族的世界历史性意义，在其现实性上，是德意志像法兰西那样同样被纳入资本主义生产方式的这一历史进程，是德意志从属于世界市场，从而具有世界历史性的意义，而不是世界历史在精神与观念的支配下最终走向德意志。世界市场是世界历史在当前历史阶段的特殊表现，即资本主义世界市场。它表现为人从封建奴役中解放出来，但是被世界市场重新奴役。世界市场的扩展使得不同的民族与国家有着不同的统治形式。对于落后的国家和地区来说，原始生产方式是受外来生产方式的冲击而被迫变革，这种原始的自然的分工越来越被资本主义生产方式下的分工所取代，因而随着"各民族的原始封闭状态由于日益完善的生产方式、交往以及因交往而自然形成的不同民族之间的分工消灭得越是彻底，历史也就越是成为世界历史"②。同时，世界市场直接地产生对个人的统治，个人在表面的自由中变得愈加不自由。世界市场使得个人活动的社会性具有前一历史时期所不可比拟的广泛性和深刻性。而个人从属于分工体系，加深了彼此之间的联系，也使得交往日益受到分工体系的制约。因此，单个人的活动愈是成为世界历史性的交往范围的一部分，个人就愈加受到外在的劳动分工体系的统治，世界历史在资本主义时期使得世界市场成为活动主体。马克思这样描述这一现象，即"单个人随着自己的活动扩大为世界历史性的活动，越来越受到对他们来说是异己的力量的支配（他们把这种压迫想象为所谓世界精神等等的圈套），受到日益扩大的、归根结底表现为世界市场的

---

① 《马克思恩格斯文集》第 1 卷，人民出版社，2009，第 548 页。
② 《马克思恩格斯文集》第 1 卷，人民出版社，2009，第 540~541 页。

力量的支配"①。

因此，黑格尔所看到的"世界历史"，只是世界历史进程的一个阶段，即资本主义世界市场形成的阶段。在黑格尔所认定的以德意志资本主义国家为完成的世界历史中，不仅没有解决民族之间的对立，而且使得个人从属于世界市场。人并不是因此获得自由，而是在更广阔的范围内的不自由。因此，世界市场不是世界历史的终结，而是世界历史矛盾运动的一个表现。正如马克思所言，应当避免社会本身与人的重新对立，同样也应当避免世界历史与人的对立。而这一对立的消除，只有通过像消灭劳动与分工一样，消灭世界市场才有可能。这并不是说消灭人们广泛的物质生产与交往活动，而是使得世界市场不再以异己的性质成为奴役人的力量，这一过程的消灭只有通过其自身内部矛盾的解决才有可能。因此，真正的世界历史包含个人与历史的矛盾的和解，是将人从世界市场的奴役中解放出来的现实进程。

三　人民群众是历史的主体

黑格尔在历史中看到的是英雄人物，而英雄人物的历史性意义，就在于英雄人物通过追求自身目的的活动，自觉或不自觉地完成了世界精神的使命。与黑格尔不同，马克思恩格斯不是把个人与世界历史的联系思辨化为精神的联系，而是既承认历史人物对于推动或阻碍历史进程的作用，同时将个人置于现实的人类解放的宏大进程中，始终站在人民群众的立场上。

首先，马克思恩格斯并不否认历史人物对历史进程的重要作用。黑格尔虽然看到历史人物对历史的特殊作用，但是他将历史必然性理解为绝对精神中概念的自我运动的必然性，从而将人的感性活动视为盲目的、偶然性的活动，从而，在黑格尔的历史观中，个人不仅与外在的历史进程相对立，同时还造成了历史人物与人民群众相

---

① 《马克思恩格斯文集》第 1 卷，人民出版社，2009，第 541 页。

对立。在《路易·波拿巴的雾月十八日》中，马克思同时批判了这两种思想倾向。在雨果笔下，个人的能动性被夸大为超越历史客观性的主导推动力，而在蒲鲁东笔下，又将个人完全置于被动的境地。这样就使得历史人物不是超越历史，就是完全处在历史进程的神秘掌控之中。而马克思恩格斯则在人类现实活动中确立了历史的客观性，从阶级立场分析个人在历史进程中的作用，从而将历史人物置于与现实历史主体，即人民群众的辩证关系之中加以认识。如列宁所评价的那样，马克思主义的历史观"出色地把以下两方面结合起来：既以完全科学的冷静态度去分析客观形势和演进的客观进程，又非常坚决地承认群众（当然，还有善于摸索到并建立起同某些阶级的联系的个人、团体、组织、政党）的革命毅力、革命创造性、革命首创精神的意义"[①]。

其次，只有在承认历史进程客观性，并理解历史的现实进程的基础上，才能科学地评价历史人物或消极或积极的历史意义。伟大的历史人物是在推动历史发展，推进人类解放事业的斗争中造就的，个人不仅从属于他的时代，同时从属于阶级。黑格尔的英雄人物观本身就是资本主义狭隘观点的表现，在历史中只有作为领袖的少数个人，而看不到人民群众的根本性作用，归根结底是由于黑格尔也不能够超越他的阶级立场与时代局限性。正如软弱的资产阶级无法放手发动人民群众进行革命，最初就会将革命希望寄托于君主制的改良，像这样对于世界历史进程，"从狭隘的观点出发，可以从其中抽出一种附带形式，把它看做是这些革命的基础，而这样做是相当容易的，因为进行这些革命的个人都由于自身的文化水平和所处的历史发展阶段，而对他们自己的活动本身抱有种种幻想"[②]。因此历史不仅不是像黑格尔设想的那样会按照绝对精神的必然性原则获得自我实现，而且证明资产阶级哲学的社会方案不仅不是历史的"最终出路"，而只不过是特定历史阶段上特殊阶级对于发展本阶级利益

①　《列宁选集》第1卷，人民出版社，2012，第747页。
②　《马克思恩格斯文集》第1卷，人民出版社，2009，第567页。

的理想的反映。

最后，承认历史的客观性就是承认人民群众是历史的现实主体。在被视为历史学中里程碑式的著作维柯的名著《新科学》中，就曾指出历史的客观性就在于创造者对创造物的认识是必然的一样，"如果谁创造历史也就由谁叙述历史，这种历史就最确凿可凭了。这种情形正像几何学的情形。几何学在用它的要素构成一种量的世界，或思索那个量的世界时，它就是在为它自己创造出那个量的世界"①。但是这里只是初步肯定历史是人的历史，而非神的历史。如何认识历史与人的关系，成为此后历史哲学的核心问题，"人类才是问题的核心，任何人都得为他自己负责"②，因为人们往往将历史视为不同的人进行各自活动的时间性的存在领域，更容易将历史归结为偶然的个人的偶然的活动的结果。与此相反，正如恩格斯所言，"主要的出场人物是一定的阶级和倾向的代表，因而也是他们时代的一定思想的代表，他们的动机不是来自琐碎的个人欲望，而正是来自他们所处的历史潮流"③，因此与黑格尔仅仅看到个别人物在历史中的作用不同，马克思主义的历史观首先承认人民群众的历史主体性。马克思早在《莱茵报》时期就曾对个人在历史进程中的作用进行思考，面对莱茵省议会保护贵族权力而不为劳苦大众的立场上的状况，初步指明特权阶级中的个人与广大群众之间的对立，并自觉站在广大人民的立场上，因此个人只能是具体的历史进程中的个人，"并不是'历史'把人当做手段来达到自己——仿佛历史是一个独具魅力的人——的目的。历史不过是追求者自己目的的人的活动而已"④。与黑格尔将人类对于自由的追求局限于资本主义社会中抽象的个人自由不同，马克思恩格斯在分析现实的历史活动中指出，所谓自由在历史中的进程，正是表现为人民群众队伍的不断扩大，只

---

① 〔意〕维柯：《新科学》（上册），朱光潜译，商务印书馆，1989，第165页。
② 〔英〕汤因比：《历史研究》，刘北成、郭小凌等译，上海人民出版社，2000，第135页。
③ 《马克思恩格斯文集》第10卷，人民出版社，2009，第174页。
④ 《马克思恩格斯文集》第1卷，人民出版社，2009，第295页。

有在人民群众的运动中才代表着历史发展的根本趋向。因此历史不是孤立的个人追求个人解放的历史，而是无产阶级通过现实的革命运动实现全人类的解放的过程。在黑格尔那里，历史表现为绝对精神在历史进程中认识自身，而在现实的历史中，无产阶级对于自己在自身的联合与现实的革命运动中求得解放这一现实性的认识，构成推动历史发展的自觉意识。因此，历史作为人自身的历史，只有在无产阶级依靠自身实现人类解放的意义上才有可能。马克思恩格斯曾多次表达这一观点，在批判青年黑格尔派对历史抱有的不切实际的幻想时，指出无产阶级所承担的人类解放的历史任务是由他们的生产生活的客观条件决定的，"无产阶级能够而且必须自己解放自己。但是，如果无产阶级不消灭它本身的生活条件，它就不能解放自己"①；在批判妄想依靠改良实现社会解放的改良主义者时，指出"工人阶级的解放应当是工人阶级自己的事情。所以，我们不能和那些公开说什么工人太没有教养，不能自己解放自己，因而必须由仁爱的大小资产阶级从上面来解放的人们一道走"②；在论述无产阶级革命的现实手段时指出，"工人阶级根据自己的经验认识到，他们要获得任何持久的利益，不能够依靠别人，而应当亲自争取"③。

可见，人民主体的观点是马克思主义历史观的首要观点，马克思恩格斯始终站在人民群众的立场上，发现了理解人类历史的锁钥，才能在此基础上对此前的种种唯心史观的观点予以彻底的批判，使得历史第一次作为全人类的解放史成为一个客观的、必然的历史过程。

---

① 《马克思恩格斯文集》第 1 卷，人民出版社，2009，第 262 页。
② 《马克思恩格斯文集》第 3 卷，人民出版社，2009，第 484 页。
③ 《马克思恩格斯全集》第 10 卷，人民出版社，1998，第 286 页。

第三章
马克思恩格斯的历史发展理论

马克思对历史问题的思考路径很大程度上可以通过对黑格尔的两次批判来揭示，分别为 1843 年对黑格尔法哲学批判与 1844 年对黑格尔辩证法及其整个哲学的批判。马克思通过对黑格尔法哲学的批判，初步提出了"市民社会决定国家"的观点，并在 1844 年进一步深入对政治经济学的批判，展开积极扬弃私有财产的理论主题。在这一过程中，马克思逐步完成对黑格尔辩证法的初步批判，将思辨的辩证法改造为现实历史的辩证法。

第一节　历史辩证法的现实性原则

一　从国家到市民社会的历史观探索路径

马克思首先批判的是黑格尔历史观的思辨性质，这可以追溯到 1842 年至 1843 年《莱茵报》时期。1858 年马克思总结这一时期思想进程时写道："1842—1843 年间，我作为《莱茵报》的编辑，第一次遇到要对所谓物质利益发表意见的难事。莱茵省议会关于林木盗窃和地产析分的讨论，当时的莱茵省总督冯·沙培尔先生就摩泽尔农民状况同《莱茵报》展开的官方论战，最后，关于自由贸易和保护关税的辩论，是促使我去研究经济问题的最初动因。……为了解决使我苦恼的疑问，我写的第一部著作是对黑格尔法哲学的批判性的分析。"① 在写作《黑格尔法哲学批判》（下文简称《批判》）的同时，马克思还大量阅读了历史和政治相关著作，摘录形成了被称为《克罗次纳赫笔记》的九个笔记本。在国家问题上，马克思摘录了兰克《论法国的复辟》中的一段后，评述黑格尔"把国家观念的要素变为主词，而把国家存在的旧形式变为宾词，——但是在历史现实中情况恰好相反：国家观念始终都是国家存在的那些〔旧〕形式的宾词"②。在对施密特《法国史》中摘录的大量所有制问题的史料中，马克思十分注意所有制的变化和政治设施之间的关系。此外在考察封建社会变化时，马克思特别注意到"市民阶层的兴起"这个十分重要的问题。

　　可以看到，在这一时期，马克思大量阅读了历史学与政治学著作，其关注焦点与《黑格尔法哲学批判》中的关注点一脉相承，即有关市民社会与国家的理论。在《黑格尔法哲学批判》中，马克思批判了黑格尔在国家和市民社会关系问题上的唯心主义，论证了市民社会决定国家的思想，批判了黑格尔关于政治国家决定市民社会的观点，从方法论上揭露了其唯心主义国家观，即泛逻辑神秘主义，对黑格尔辩证法进行了初步批判。

　　《黑格尔法哲学批判》可以视为马克思深入黑格尔社会历史辩证法的初步尝试。在以往研究中，学界一般认为马克思借助费尔巴哈的"主谓颠倒法"对黑格尔的辩证法进行了批判。在马克思写作《黑格尔法哲学批判》之前，费尔巴哈的《关于哲学改造的临时纲要》出版，马克思很快在致卢格的信中给出了评价："费尔巴哈的警句只有一点不能使我满意，这就是：他过多地强调自然而过少地强调政治"③，费尔巴哈对黑格尔的批判是直接而明朗的，"我们只要将宾词当作主词，将主体当作客体和原则，就是说，只要将思辨哲学颠倒过来，就能得到毫无掩饰的、纯粹的、明显的

---

① 《马克思恩格斯选集》第 2 卷，人民出版社，2012，第 1～2 页。
② 《马列著作编译资料》第 12 辑，人民出版社，1980，第 36 页。
③ 《马克思恩格斯全集》第 27 卷，人民出版社，1972，第 442～443 页。

真理"①，费尔巴哈的核心思想是用人的精神的异化来揭露神学和思辨哲学，指出它们的根本特点是歪曲了主词（人、存在）与宾词（思维、属性）的相互关系，致力于把异化归结为它的现实基础：人和人类。② 这也就是"主谓颠倒法"称谓的由来。

虽然马克思在一定程度上借用了费尔巴哈的主谓颠倒法，但是马克思的方法与费尔巴哈却有着原则性的区别。首先是二者的领域不同，准确地说是在主谓颠倒法的成果上，即费尔巴哈集中于宗教与哲学的领域，马克思则从政治生活逐步切入社会历史领域。为什么准确地说应该是成果方面的区别呢？因为费尔巴哈并不是没有涉足政治领域，他曾"把对宗教的批判推广到世俗的政治批判上，认为只有废除政治异化，废除君主制，异化的扬弃才能完成。为此，费尔巴哈倡导创立一种新的哲学"③。可见当费尔巴哈面对他所力图恢复的社会现实的时候，他的结论却是以一种新哲学代替旧哲学。这就导向了与马克思的第二点不同：在费尔巴哈那里，主谓颠倒还停留在形式层面，而在马克思这里，却作为重新建构历史内在规律性的批判工具。马克思不仅仅要指出被遮蔽的主体，即现实世界，还要对这种现实世界产生了反过来要生成自己"逻辑主体"的原因一探究竟，因此在《批判》中，马克思从推出观念主体、国家理念主体的每一个建构的环节出发，发现了黑格尔体系的神秘性，以及神秘性之所在：在每一个经验的存在面前都通过神秘的手法找寻其在理念中的合理性，同时，这种合理性也来自纯逻辑的推论。因此，费尔巴哈从黑格尔的结论出发，马克思则从黑格尔体系内部出发。

上述区别的第二点，又直接引致了二者从黑格尔体系出发的道路的重大分野。费尔巴哈满足于新的结论，因为在他的哲学中，问

① 《费尔巴哈哲学著作选集》上册，商务印书馆，1984，第102页。转引自黄楠森、庄福龄、林利主编《马克思主义哲学史》第1卷，北京出版社，1991，第148页。
② 参见黄楠森、庄福龄、林利主编《马克思主义哲学史》第1卷，北京出版社，1991，第150页。
③ 黄楠森、庄福龄、林利主编《马克思主义哲学史》第1卷，北京出版社，1991，第147页。

题的提问方式仍旧是形式逻辑层面的，把感性与一切非感性直观所能把握之物对立起来。因此他只能死死抓住感性确定性不放，也就由此构成他整个哲学的出发点：感性决定一切。费尔巴哈就是这样直接地批判了黑格尔的庞大精神体系。而当马克思借用其方法时，出发点远不止于所谓"感性"。或者说，在马克思这里，"感性"所包含的内容已经深入市民社会和等级结构的探寻中了，因而马克思并非在同一意义上使用费尔巴哈的主谓颠倒法，而只是在形式上体现于主谓颠倒的结论。马克思深入一种更为本质的对立关系中，比费尔巴哈所直观到的表面的对立更深刻的是某种现存社会结构中的内在的依赖和共存关系（这是黑格尔和马克思得以对话而费尔巴哈难以企及之处），是黑格尔的泛逻辑神秘主义背后所隐藏着的联系。因此当诘难费尔巴哈为什么不能在社会领域往前迈出一步的时候，就要回到费尔巴哈哲学视域中观察市民社会与国家，于是，情形变成这样，即这一领域对于费尔巴哈来说是"无"，也就是说，市民社会、人、宗教、国家，对于他来说至多能达到的是"感性的直观"，是孤立的且无从深入每一对象内部、对象之间相互关系的直观对象，因此对这些对象之间认识也至多达到表面的、思辨的联系。在马克思这里，活生生的起居交往着的人（市民社会中的现实个体）、人们的信仰（宗教）、不同的等级之间的冲突（国家政体）是相互联系着的有机体。

虽然在《黑格尔法哲学批判》时期，马克思还没有深入关于现实的人的感性活动之中，还未明确地指认种种感性联系之间的相互关系，但是在他深入黑格尔的殿堂内部时，从一开始便深入人的现实活动的领域，从中寻找真正的矛盾关系，并深入现实矛盾的关系运动寻找社会发展的根本动因。马克思从国家观批判开始逐步揭开黑格尔的神秘主义外衣，不断深入黑格尔所把握的社会现实内容本身。马克思的市民社会的理解，在经济学关系上并没有超越黑格尔，但同时带有其个人思想的鲜明特色，这与马克思进入市民社会的批判路径有关。第一，在逻辑上，马克思揭示出国家与市民社会不可消解的对立性，破除黑格尔伦理国家的神秘性；第二，在对现实政治生活的制度批判中，将国家与市民社会的矛盾聚焦于等级制度中；第三，由国家与市民社会的对立深入政治等级与私人等级、政治差别与私人差别之间的对立，肯定私人等级即市民社会领域对国家建构的前提性意义；第四，初步触及私人等级背后的私有财产问题，预示着即将展开的私有财产研究，初步指出"人民"及其劳动活动在整个社会发展中的基础地位。

可见，在经过黑格尔法哲学批判之后，马克思初步厘清了市民社会与国家之间的辩证关系，批判了黑格尔国家观的思辨性质，将批判视野转入市民社会领域，由政治国家向市民社会领域的这一转向，构成马克思历史唯物主义建构的开端，"根据马克思对市民社会的解释来解释历史唯物主义的发生，是马克思哲学史研究的既定思路"①。在《1844年经济学哲学手稿》中，马克思聚焦于私有财产问题的批判，再次进入对黑格尔辩证法及其整个哲学的批判，为揭示私有财产和市民社会的历史形成问题进行了方法论上的准备。

二　批判黑格尔的预成论倾向

马克思在1844年转入政治经济学研究。在《1844年经济学哲学手稿》（以下简称《手稿》）中，经由对黑格尔辩证法及其整个哲学的批判，为马克思历史辩证法的建构提供了方法论原则。

众所周知，《手稿》中主要篇幅是对古典政治经济学的研究。那么如果说经济学研究直接地关系到历史唯物主义的发现，那么经济学研究与黑格尔批判的内在关联是什么？进而，在何种意义上历史观研究要通过黑格尔批判来推进？在以往的研究中，学界普遍将重点放在马克思对黑格尔哲学唯心主义性质的批判，认为马克思对其进行了头足倒置的"颠倒"，如此则将批判归结为唯物主义与唯心主义的抽象对立，没有将马克思对黑格尔的批判具体化。同时，学者

---

① 李佃来：《论马克思市民社会理论的两种逻辑》，《哲学研究》2010年第12期。

们将马克思的论断"黑格尔是站在现代国民经济学家的立场上的"①，解读为黑格尔哲学是对现代社会进行合理化论证的形而上学，这样则简单化了这一论断，没有揭示其背后的思想路径。如果不能揭示出马克思具体的思想进程，则不能将马克思与同样进行黑格尔哲学批判的费尔巴哈相区别开来，而在马克思与费尔巴哈的本质区别中，更能清晰揭示马克思历史观的深刻性。另外，从文献解读方法上来看，以往的研究存在着将黑格尔哲学批判的部分独立出来的倾向，没有关注这部分与前后文本之间的思想联系。如果不能厘清马克思此时的写作思路，那么就不能将黑格尔辩证法批判与历史观建构内在地联系起来，即揭示此时马克思历史唯物主义建构过程中的具体问题意识。因此，对于《手稿》中的黑格尔辩证法批判在何种意义上推进了马克思历史观的研究这一问题，则要首先解释马克思此时的问题意识，即马克思为什么在批判国民经济学时突然插入对黑格尔哲学的批判。在此基础上，进一步厘清对黑格尔辩证法的批判在何种意义上推进了马克思对历史研究的思考。

马克思在提出辩证法批判之后，接着写道："对于现代的批判同黑格尔的整个哲学，特别是同辩证法的关系问题是如此缺乏认识，以致像施特劳斯和布鲁诺·鲍威尔这样的批判家仍然受到黑格尔逻辑学的束缚。"② 马克思表达了对青年黑格尔派的不满，即施特劳斯和鲍威尔分别立足实体与自我意识的批判，没有触及黑格尔的逻辑学的前提，也即辩证法的前提：作为矛盾运动的绝对精神。在青年黑格尔派那里，自我意识和实体仍然是抽象对立的，还没有上升到矛盾中的统一。因而他们也就不能理解自我意识与实体在黑格尔那里的真正含义，即没有看到精神与自然在人的劳动之中的统一性。因此，逻辑学对青年黑格尔派的束缚就表现在，他们没有通过辩证法的批判达到黑格尔哲学的水平，仍然停留在黑格尔哲学内部尚未扬弃的环节中，因此歪曲了黑格尔哲学的积极本质，"归根结底不外

---

① 马克思：《1844年经济学哲学手稿》，人民出版社，2014，第264页。
② 马克思：《1844年经济学哲学手稿》，人民出版社，2014，第243页。

是旧哲学的、特别是黑格尔的超验性被歪曲为神学漫画的顶点和结果"①。也就是说,将辩证法看作一种无关紧要的、外在的批判,也就无法把握黑格尔对劳动的现代性的深刻理解。

在对待黑格尔辩证法的问题上,与青年黑格尔派相反,费尔巴哈触及了辩证法的唯心主义前提,也即直接地将绝对精神作为黑格尔哲学的前提予以批判。费尔巴哈看到正是辩证法使得黑格尔哲学构成一个完整体系,任何局部的批判都无法驳倒黑格尔哲学,在这个意义上,马克思肯定费尔巴哈"是唯一对黑格尔辩证法采取严肃的、批判的态度的人"②。费尔巴哈通过批判黑格尔的辩证法,指出黑格尔在每一个环节上与宗教神学的关系,即批判、扬弃、恢复,从而得出结论:黑格尔哲学是对神学的重新肯定,是"同自身相对立而肯定神学的哲学"③。但是费尔巴哈将辩证法批判仅仅理解为理论与理论之间的关系问题,即宗教与批判宗教的哲学的关系问题,"把否定的否定仅仅看做哲学同自身的矛盾,看做在否定神学(超验性等等)之后又肯定神学的哲学"④。费尔巴哈没有看到的是哲学与现实之间的关系,"黑格尔根据否定的否定所包含的肯定方面把否定的否定看成真正的和唯一的肯定的东西,而根据它所包含的否定方面把它看成一切存在的唯一真正的活动和自我实现的活动"⑤。也就是说,黑格尔通过辩证法既将现代社会作为对绝对精神的实体性的肯定,又把绝对精神的能动性的一面理解为人的劳动。因此费尔巴哈的缺陷在于,没有通过批判辩证法所包含的现实性内容来完成对辩证法的批判。

可见,如果不经过辩证法批判,则不能理解整个黑格尔哲学,也就不可能完成对黑格尔哲学的批判。马克思通过辩证法批判进入现实的历史,因此他肯定黑格尔辩证法的伟大之处首先在于"把人

---

① 马克思:《1844 年经济学哲学手稿》,人民出版社,2014,第 291 页。
② 马克思:《1844 年经济学哲学手稿》,人民出版社,2014,第 245 页。
③ 马克思:《1844 年经济学哲学手稿》,人民出版社,2014,第 246 页。
④ 马克思:《1844 年经济学哲学手稿》,人民出版社,2014,第 246 页。
⑤ 马克思:《1844 年经济学哲学手稿》,人民出版社,2014,第 247 页。

的自我产生看做一个过程"①。马克思对黑格尔的不满在于他停留于对历史的思辨表达,没有找到历史运动的真正现实性所在,"这种历史还不是作为既定的主体的人的现实历史,而只是人的产生的活动、人的形成的历史"②。因此,要完成对黑格尔辩证法的批判,只有通过对黑格尔整个哲学的批判才能完成。

批判黑格尔的辩证法就是对预成论的批判。主体设定客观世界,构成黑格尔辩证法的否定方面。这里的预成论具有两方面含义:第一,主体的目的性是一种潜在的绝对必然性;第二,客观世界完全为主观目的所设定。主观目的的完成有三个阶段:第一,主体出于个体性判断,以其特殊性与客观的普遍性相对立,并促使自身外化以消除对立。第二,主体进行个体性活动,在活动之中,客体成为主体的工具,客体的外在性与主观目的间的对立消除。在个体的活动中,目的直接支配客体,从而第一阶段中的特殊性具有了客观性。第三,在第二阶段之中主客观达到初步的结合,进而在结合过程之中包含与材料的具体联系,从而材料之间开始互相作用,构成新的客观普遍性。历经以上三个阶段,主观目的性由最初的抽象的合目的性,通过个体性活动,将自身设定为客观性,完成了对自身抽象性的否定,同时完成对客体外在性的否定,客体"从而失掉其原来的原始性而成为设定的存在,且须依赖它的对方"③,使之转化为"为我"的存在。

在黑格尔那里,目的来源于绝对主体性,目的性本身包含绝对的必然性。因此,从主观目的出发的外化活动,其结果已经预先无条件地具有了现实性。马克思对此进行了两个层面的批判。首先,从客体的方面来看,在上述主体活动过程中,其核心环节就是"设定",即"自我意识的外化设定物性"④。客体的本质被预先规定为

① 马克思:《1844年经济学哲学手稿》,人民出版社,2014,第264页。
② 马克思:《1844年经济学哲学手稿》,人民出版社,2014,第247页。
③ 〔德〕黑格尔:《小逻辑》,贺麟译,商务印书馆,1980,第390页。
④ 马克思:《1844年经济学哲学手稿》,人民出版社,2014,第267页。

有待被主体克服的外在性，外在性则构成客体之为客体的根本规定，因此，外在性作为主体设定物，使得客体"只是物性，即只是抽象物、抽象的物，而不是现实的物"①。其次，从客体与主体之间的关系来看，客体之所以存在，是由于它全然是"为我"的，而非由于其本身的任何具体的、个别的性质，而仅仅是为了确证主体的设定能力，使主观性获得客观化的实存，而客体本身"决不是什么独立的、实质的东西，而只是纯粹的创造物……这个被设定的东西并不证实自己，而只是证实设定这一行动，这一行动在一瞬间把自己的能力作为产物固定下来，使它表面上具有独立的、现实的本质的作用"②。可见，客体的存在及其改变，完全是从主体出发并回归于主体的纯粹设定性之中。所谓主观精神客体化，只不过是先行内含于主体"意趋"中的结果的必然展开，因此辩证法的否定运动成为由绝对主体性出发的目的论的论证。主体具有绝对的目的性，关键就在于，将从事外化活动的人本身所具有的具体能动性抽离，从而赋予绝对精神。

三　批判黑格尔"非批判的实证主义"

批判黑格尔辩证法的绝对肯定性，拒斥实证主义。被设定的客观世界本身与绝对精神的扬弃活动，构成黑格尔辩证法的肯定方面。如前所述，在主体性与客观世界的初步结合中，客观世界包含主观目的性于自身，"以目的为它的自由概念，为高于它自身的力量，因而屈服于目的并遵循目的"③。由此，客观世界自身中的真理性得以显现，在个体性活动的无限进展之中，主客观之间的对立被扬弃为一种片面的假象，双方的统一性作为真理同时在双方之中显现出来，这也就是精神的理念阶段。理念本质上是主客观得以统一的过程全体，在这一意义上，理念上升为绝对理念。马克思之所以肯定黑格

① 马克思：《1844年经济学哲学手稿》，人民出版社，2014，第267页。
② 马克思：《1844年经济学哲学手稿》，人民出版社，2014，第268页。
③ 〔德〕黑格尔：《小逻辑》，贺麟译，商务印书馆，1980，第396页。

尔 "紧紧抓住人的异化不放——尽管人只是以精神的形式出现——,
所以它潜在地包含着批判的一切要素"①, 就在于异在是必然要被扬
弃的存在, 黑格尔始终对形式化的主客观统一保有清醒的批判意识,
因此, 理念须通过自身运动来扬弃抽象的形式统一性, 将其提升为
自觉的内在统一性, 这一 "由外转内" 的运动过程就是精神认识
自身。

然而, 结果竟是这样, 如马克思所说, "把否定和保存即肯定结
合起来的扬弃起着一种独特的作用"②, 这种 "独特的作用" 体现在
两个层面。第一, 扬弃活动使得对事物的认识, 也即思维, 冒充为
事物本身的感性与现实。在黑格尔那里, 认识是思维对世界的重塑
活动, 在认识过程中, 事物的本质得以显现, 因此认识是精神的现
实活动, 这一现实活动的结果就是形成了知识, 各部门知识代替现
存事物而成为事物的现实存在。第二, 由于只有知识才是本质, 那
么, 知识所包含于自身的认识对象本身, 即现存事物, 也正是黑格
尔哲学积极地抓住的异在存在, 在这一环节中, 这一异在存在转化
为了本质存在, 即扬弃进一步地使异在存在冒充世界的本质, "假称
在自己的异在本身中就是在自身"③。这样, 黑格尔就使得一种完成
了的应然与实然的独特混合体充当了世界本质。因此马克思不复像
1843 年那样深陷于黑格尔的部门哲学之内, 因为 "现在不用再谈关
于黑格尔对宗教、国家等等的适应了, 因为这种谎言是他的原则的
谎言"④, 即非批判的实证主义的谎言。

在绝对精神运动的否定环节中, 客体作为主观目的设定活动的
结果, 仅仅作为客体性而存在; 在肯定环节中, 作为绝对理念扬弃
内容的主客体的对立, 仅仅作为 "思维的思维", 作为知识而存在。
也就是说, 在全部的精神运动中, "并不是对象的一定的性质, 而是

---

① 马克思:《1844 年经济学哲学手稿》, 人民出版社, 2014, 第 257 页。
② 马克思:《1844 年经济学哲学手稿》, 人民出版社, 2014, 第 274 页。
③ 马克思:《1844 年经济学哲学手稿》, 人民出版社, 2014, 第 273 页。
④ 马克思:《1844 年经济学哲学手稿》, 人民出版社, 2014, 第 273 页。

它的对象性的性质本身，对自我意识来说是一种障碍和异化"①。当对象的一定的性质被抽象掉，仅以其对象性的性质本身作为其存在时，对象对于自我意识来说就是一种纯粹的"虚无性"（马克思语）。

因此，在否定的环节中，现存客观世界中使自身得以保存的方面，构成作为外化活动的劳动的"消极的方面"，对此之"虚无化"，导致了黑格尔哲学目的论的倾向；在肯定的环节中，现存劳动形式中使自身得以扬弃的方面，构成作为扬弃活动的劳动的"消极的方面"，对此之"虚无化"，导致了其实证主义的倾向。因而，黑格尔哲学中的劳动，是绝对的设定与扬弃活动，即人的自我确证的完成。而事实上，其赖以完成自我确证的客观领域的实存则被抽象化为本质性的虚无，也即"他把劳动看做人的本质，看做人的自我确证的本质；他只看到劳动的积极的方面，没有看到它的消极的方面"②。

综观黑格尔整个哲学，作为"历史运动的现象学"，又作为"历史现象的运动学"，这一在思维中完成的辩证运动，其否定环节的预成论倾向，与其肯定环节的实证主义倾向，共同产生了这一运动全体的最后结果，即对现存社会的合理化论证。因此，马克思得出结论："黑格尔是站在现代国民经济学家的立场上的。"③ 通过对黑格尔辩证法和整个哲学的批判，马克思在方法论上与预成论和实证主义倾向划清界限，为进一步揭示历史运动的现实性扫清了方法论障碍。

第二节　历史是人的现实的生活生产过程

一　对私有财产的初步批判

在《1844 年经济学哲学手稿》中，马克思对黑格尔的批判是与他对资本主义社会历史现实的发现紧密相连的。马克思在政治经济

---

① 马克思：《1844 年经济学哲学手稿》，人民出版社，2014，第 271 页。
② 马克思：《1844 年经济学哲学手稿》，人民出版社，2014，第 264 页。
③ 马克思：《1844 年经济学哲学手稿》，人民出版社，2014，第 264 页。

学研究中，发现了国民经济学的前提即私有财产，提出"积极扬弃私有财产"的命题，逐步深入了市民社会的现实的前提中。因此马克思对黑格尔辩证法的批判与马克思研究社会现实的思路一脉相承，并非纯粹哲学意义上的概念论证。

马克思通过国民经济学的批判，找到了现代社会的根本前提：私有财产。"国民经济学的一切论述都以私有财产为前提。国民经济学把这个基本前提当做确定不移的事实，而不作任何进一步的考察。"① 在著名的《国富论》写作之前，亚当·斯密在《道德情操论》一书对现代社会的人性与现实之间的矛盾进行思考。《国富论》一书在某种程度上是对前书问题的解答。即在充分的商品经济原则下，解决道德与财富、公益与私利之间的矛盾。但是商品原则的发展，却与斯密的初衷南辕北辙，这充分说明了私有财产的原则与人性原则的背离。

黑格尔将私有财产的原则上升到社会原则，并通过伦理精神来弥合这一社会原则的内在分裂。马克思在 1843 年的法哲学的批判中，业已指出黑格尔国家观的非批判实证性质。伦理国家只是对商品经济社会内在矛盾的思辨的理想，而不是现实矛盾的解决。此时已经蕴含着马克思思考国家问题的萌芽，将国家视为一定历史时期的产物，而与黑格尔不同，马克思是从人类解放的根本立足点反思国家，"实际上解决的就是'制约个人的个性和自由'的共同体的问题"②，这一出发点决定了马克思直接深入国家的前提，即市民社会的研究中。在《神圣家族》中，马克思更具体地指出国民经济学正是现实矛盾的理论体现，在理论中工资是对生产过程中劳动者应得的利润份额，但是现实中利润与工资却是敌对的；理论中的价值由生产费用与社会效用决定，但是现实中价值很大程度是脱离这两个要素的偶然结果；理论中的工资是劳动者与资本家自由协商确定

---

① 《马克思恩格斯文集》第 1 卷，人民出版社，2009，第 255～256 页。
② 聂锦芳：《"现实的个人"与"共同体"关系之辨——重温马克思、恩格斯对一个重要问题的阐释与论证》，《哲学研究》2010 年第 11 期。

的，但实际上劳动者被迫同意资本家所决定的工资水平，且工资水平被不断地压低。当黑格尔敏锐地发现卢梭的契约原则是主观任意性的结果时，却不能看到现实中所谓任意性是对人的自由的剥夺。而马克思则看到，正是在资本家与劳动者的不对等的社会关系中，"强制代替了立约双方的自由"①。因此，在国民经济学中，它的论证处处与它的前提相违背。

这正是因为经济学不能够对现代社会进行前提性的批判，国民经济学自身的矛盾，正是私有制与人的发展之间的矛盾的体现。在这个意义上，马克思肯定18世纪唯物主义的批判精神与经验原则。人们的道德原则、自由观念、人性追求与社会价值的实现，都来自社会现实的状况，而如果上述理想与他们的实际行为相冲突，那么就应当切实地改变现实的状况，"既然人是从感性世界和感性世界中的经验中获得一切知识、感觉等等的，那就必须这样安排经验的世界，使人在其中能体验到真正合乎人性的东西，使他常常体验到自己是人。既然正确理解的利益是全部道德的原则，那就必须使人们的私人利益符合于人类的利益。既然从唯物主义意义上来说人是不自由的，就是说，人不是由于具有避免某种事物发生的消极力量，而是由于具有表现本身的真正个性的积极力量才是自由的，那就不应当惩罚个别人的犯罪行为，而应当消灭产生犯罪行为的反社会的温床，使每个人都有社会空间来展示他的重要的生命表现。既然是环境造就人，那就必须以合乎人性的方式去造就环境。既然人天生就是社会的，那他就只能在社会中发展自己的真正的天性；不应当根据单个个人的力量，而应当根据社会的力量来衡量人的天性的力量"②。唯物主义看到了人的发展必须依靠经验世界的现实改变。马克思也正是在这个意义上肯定18世纪的唯物主义原则。

同时，与18世纪法国唯物主义不同的是，马克思所说的现实，不是空泛的社会状况，而是以私有制为根本前提的现代社会。马克

---

① 《马克思恩格斯文集》第1卷，人民出版社，2009，第257页。
② 《马克思恩格斯文集》第1卷，人民出版社，2009，第334～335页。

思对私有制的"发现"始于《1844 年经济学哲学手稿》（以下简称
《手稿》）中的政治经济学研究。而这一研究主题直接地与马克思在
《手稿》中对黑格尔辩证法的批判相关联。

以往研究普遍地指出，马克思"既揭露了黑格尔辩证法的唯心
实质，又肯定了他的积极成果，开始了对黑格尔辩证法的唯物主义
改造"①，批判主要针对黑格尔辩证法的抽象性质和非批判的立场。
虽然黑格尔辩证法中包含积极的意义，但是其"合理思想是以极端
抽象的唯心主义形式表达出来的，虽然他在《精神现象学》中紧紧
抓住了人的异化和异化的扬弃，但是它所包含的批判仍然是一种模
糊不清的、带有神秘色彩的批判，而且由于黑格尔的唯心主义观点
和资产阶级立场，他的辩证法还常常引出保守和反动的结论"②。以
往研究指出了马克思与黑格尔辩证法的性质和立场的区别，马克思
的辩证法是对国民经济学批判中完成的辩证法，因而是唯物辩证法，
抑或历史辩证法，而黑格尔的辩证法则是对资本主义社会进行论证
的辩证法，是非批判性的辩证法，因而是唯心辩证法，抑或思辨辩
证法。不过，上述结论仍然较为宏观，不足之处在于脱离《手稿》
文本，没有揭示出辩证法批判在《手稿》中的理论出发点。因此我
们需要回应的问题是，按照文本逻辑，马克思的问题意识是什么？
对此，我们要用 MEGA^2 版文本，来厘清马克思写作时的思路，还原
辩证法批判的原初语境。

对黑格尔辩证法的批判是在笔记本 III 中提出的。此前在笔记本
II 的末尾，马克思初步论述了私有财产的矛盾运动，指出"私有财
产的关系是劳动、资本以及二者的关系"③，并将资本与劳动的对立
展开为三个阶段，"这个关系中的这些成分必定经历的运动是：第
一：二者直接的或间接的统一。……［第二：］二者的对立。……

---

① 黄楠森、庄福龄、林利主编《马克思主义哲学史》第 1 卷，北京出版社，1991，
第 357 页。
② 孙伯鍨：《探索者道路的探索——青年马克思恩格斯哲学思想研究》，北京师范大
学出版社，2017，第 208 页。
③ 马克思：《1844 年经济学哲学手稿》，人民出版社，2014，第 221 页。

[第三:] 二者各自同自身对立"①，第一阶段是二者的积极依赖，第二阶段是二者互相剥夺，在第三阶段中，资本与劳动分别展开为自身的矛盾运动，在资本的矛盾形式中，马克思进一步写道："资本 = 积累的劳动 = 劳动"②，由此完成了对私有财产内部矛盾形式的初步思考，将私有财产展开为资本和劳动的矛盾运动。

笔记本 III 中，马克思接续这一思考，在第 [I] 部分开篇就指出私有财产的主体本质即劳动，"私有财产的主体本质，私有财产作为自为地存在着的活动、作为主体、作为人，就是劳动"③，接着对国民经济学在这一问题上的理论发展进行了批判。马克思指出，亚当·斯密的重要贡献在于，把劳动从与劳动结合着的特殊要素中抽象出来，提出了"劳动一般"的概念，将劳动作为财富的普遍本质。同时，马克思也指出这种劳动原则只是表面上的，实际上国民经济学是以私有财产为原则，从斯密到李嘉图、穆勒，国民经济学变得愈加敌视人，而私有财产的主体性愈加凸显，并在工业资本中取得了它的完成形式，"完成它对人的统治，并以最普遍的形式成为世界历史性的力量"④。接着在第 [II] 部分只有一段，指明了历史中的无产与有产的对立，都应当从资本与劳动的对立关系中去理解，因为这一关系就是私有财产自我否定的内部矛盾运动，是"作为促使矛盾得到解决的能动关系的私有财产"⑤。在 [I]、[II] 两部分中，马克思将理论的与现实的主要矛盾确定于私有财产问题上，进而在第 [III] 部分，继续研究了如何扬弃私有财产的问题。

在第 [III] 部分，马克思首先批判了扬弃私有财产的三种共产主义学说。第一种是最初的共产主义。这种共产主义将私有财产的关系扩展到整个社会与普遍社会成员之间的关系上，劳动与资本的对立关系成为每个人的自我生产的方式，"相互关系的两个方面被提

---

① 马克思:《1844 年经济学哲学手稿》，人民出版社，2014，第 221 页。
② 马克思:《1844 年经济学哲学手稿》，人民出版社，2014，第 221 页。
③ 马克思:《1844 年经济学哲学手稿》，人民出版社，2014，第 223 页。
④ 马克思:《1844 年经济学哲学手稿》，人民出版社，2014，第 227 页。
⑤ 马克思:《1844 年经济学哲学手稿》，人民出版社，2014，第 227 页。

高到想象的普遍性：劳动是为每个人设定的天职，而资本是共同体的公认的普遍性和力量"①，它将每个人变成工人，而社会变成了资本家，因此它只是加深了这一矛盾，而不能扬弃私有财产。第二种是从政治的、国家的外在形式来扬弃的私有财产，而不是从私有财产内部的扬弃，因而不能发展私有财产的积极本质。

马克思重点论述的是第三种共产主义，即对私有财产的积极扬弃。在这一部分，马克思阐述了四个方面的思考。第一，不同于外在的扬弃，私有财产的自身运动同时就是对自身的扬弃。私有财产通过自身而扬弃自身的过程，即人将人的自我实现通过私有财产的形式外化出来，而这种外化的过程就是使私有财产的积极历史遗产得以保存的过程，即作为"迄今为止全部生产的运动的感性展现，就是说，是人的实现或人的现实"②。第二，不同于最初的共产主义，积极的扬弃是人的社会性的普遍实现。这一过程包含整个社会与个人的矛盾和解，社会是人的直接的劳动结果，也是直接的享受的对象，"应当避免重新把'社会'当做抽象的东西同个体对立起来"③。第三，在其完成形式上，私有财产是人的感性现实。在私有制条件下，私有财产的一切丰富内容被抽象了，与人的唯一关系就是作为占有和拥有的对象，而经过积极扬弃，私有财产从而不再是满足人的外在目的性的手段和对象，而是成为人的内在可能性的全面实现方式，是人的感性与思维向人本身的需要的复归，即"需要和享受失去了自己的利己主义性质，而自然界失去了自己的纯粹的有用性，因为效用成了人的效用"④，也只有在这个意义上，人才从经济学意义上的单纯的"劳动者"重新成为自为自在的现实主体，此时，"富有的人和人的丰富的需要代替了国民经济学上的富有和贫困。富有的人同时就是需要有人的生命表现的完整性的人，在这样

---

①　马克思：《1844 年经济学哲学手稿》，人民出版社，2014，第 229 页。

②　马克思：《1844 年经济学哲学手稿》，人民出版社，2014，第 231 页。

③　马克思：《1844 年经济学哲学手稿》，人民出版社，2014，第 233 页。

④　马克思：《1844 年经济学哲学手稿》，人民出版社，2014，第 235 页。

的人的身上，他自己的实现作为内在的必然性、作为需要而存在"①。第四，在扬弃的现实性上，私有财产是人的劳动过程。私有财产的运动就是人通过劳动生产自身的过程，人只有在劳动中才能确证自己的现实性的力量，而每一个时代的劳动都是在前一时代的积累的结果之中获得它的条件的，作为私有财产的积极扬弃的共产主义是历史的进程本身，而不是作为最后目标和终点。"共产主义是作为否定的否定的肯定，因此，它是人的解放和复原的一个现实的、对下一段历史发展来说是必然的环节"②，因此私有财产的扬弃只有在人的劳动过程中才得以可能。

可见，在笔记本 III 中，马克思承接笔记本 II 中对私有财产的思考，在对国民经济学和共产主义学说的批判之后，进一步提出了扬弃私有财产的理论，阐述了扬弃私有财产的四个内涵，以上构成笔记本 III 第［I］、［II］节和第［III］节第（1）至第（5）点的内容，由此马克思紧接着在第（6）点中写道："在这一部分，为了便于理解和论证，对黑格尔的整个辩证法，特别是《现象学》和《逻辑学》中有关辩证法的叙述，以及最后对现代批判运动同黑格尔的关系略作说明，也许是适当的。"③ 可见，这一"理解和论证"的对象也就是全面地理解与现实地论证私有财产的积极扬弃的问题。由此马克思切进国民经济学的前提，推进了对社会历史现实的探索。

二 对绝对精神的现实批判

黑格尔既以绝对精神为出发点，力图与唯物主义划清界限。黑格尔对唯物主义，亦即旧唯物主义的批判既有其合理性的方面，又呈现出其唯心史观的根本缺陷。马克思对旧唯物主义的批判与黑格尔有着原则性区别，揭示这一区别将使黑格尔哲学的合理性与思辨性得以更明晰的呈现。

---

① 马克思：《1844 年经济学哲学手稿》，人民出版社，2014，第 240 页。
② 马克思：《1844 年经济学哲学手稿》，人民出版社，2014，第 243 页。
③ 马克思：《1844 年经济学哲学手稿》，人民出版社，2014，第 243 页。

从哲学发展史的角度来看，黑格尔与马克思的共同点是对以往哲学进行前提性的批判。前提性的批判亦可被视为哲学的首要原则，哲学本身就是不断地对最根本的问题进行的反思。人们往往认为黑格尔哲学是以绝对精神为最终形式的知识论哲学，但是黑格尔通过批判近代知识论哲学时，首先肯定感性经验作为哲学思考的出发点。在对感性存在进行反思时，黑格尔强调要抛弃一切前提。古代哲学的前提预设思维与存在的统一，近代哲学转向对认识能力与认识形式的考察，其前提是对认识的先天信仰，因此黑格尔的哲学是通过运用思维，通过认识活动本身的开展，同时完成对真理的揭示。同时，不经过对全部逻辑过程的考察，不经过对全部逻辑过程的外化，即历史的考察，就不能建构完整的逻辑体系，就不能走向绝对精神。于是黑格尔的历史考察既包含绝对精神为其前提，又要求暂且"悬置"这一前提，直接进入感性经验。在历史的开端中，绝对精神是不自觉的、盲目的，随着历史的发展，自我意识不断地意识到自身，但是直到现代社会这种完全的自觉才得以建立。因此黑格尔实际上处于历史考察方法的悖论中，不经过对历史全体的考察就不能确定历史在每一个阶段上的内在必然性，因为每一环节的内在必然性决定于环节与终点、部分与整体的关系。但是通过对黑格尔历史哲学的结构划分，就可以看到，黑格尔虽然声称，人们要直接地对感性确定性进行批判，但实际上，黑格尔已经预设绝对精神的完成这一逻辑上的事实，进而历史的每一阶段的发展都符合概念的逻辑进展。黑格尔的这一逻辑出发点也表明，任何思辨的"悬置"对于对象本身的现象过程都是无效的，所谓"悬置"实际上是对对象进行考察后的结果，即以绝对精神为中介的考察的结果。

马克思亦看到唯物主义中的受动性，从物质主义出发是无法触及人的存在这一根本命题的。但是唯物主义的缺陷不在于没有看到人与纯粹物质性存在之间的差别，而是没有将这种差别理解为人的现实活动的结果。马克思对旧唯物主义的批判则是立足于人的现实，如果要理解人的存在这一命题，那么首先应当抛弃的是来自精神的彼岸世界的思想前提。

马克思指出历史的无可辩驳的前提在于："人们为了能够'创造历史'，必须能够生活。"① 这一前提既不能在人们的头脑中抛掉，又是人们一刻也不能离开的前提，它不以人们的意志为转移。这一前提是通过经验可以观察到的人们的生活过程、生产过程，而不再通过宗教神学抑或自我意识的中介。费尔巴哈也提出必须为哲学确立唯物主义的基础，他同样从经验出发。费尔巴哈对唯物主义权威的恢复曾得到马克思恩格斯的高度肯定，但同时费尔巴哈又从未走进建立历史唯物主义的视野。面对唯心主义与宗教神学的强大阵营，如果说费尔巴哈与马克思同样要求重新从感性经验出发构建唯物主义的基础，那么可见，马克思恩格斯的经验原则与费尔巴哈的经验原则有着本质的区别。黑格尔所理解的唯物主义仍然是直观的、僵死的旧唯物主义，能动性被抽象发展为精神的能动活动，因此未能走向新唯物主义的地平，揭示现实的能动的历史发展基础。旧唯物主义的缺陷不在于缺乏精神的能动性，而在于没有看到现实的能动活动，即停留在感性直观，而看不到感性活动。

三　从感性直观到感性活动

费尔巴哈对黑格尔的批判没有能够将唯物主义基础贯彻到社会历史领域，与之相反，马克思对黑格尔的批判则是从感性活动出发，深入社会历史现实。

第一，感性活动意味着从人们的实际生活条件理解人的社会关系。费尔巴哈认为理性主义哲学将人与人之间的关系抽象为概念，将人的本质抽象为理性主义的最终结果，即上帝。费尔巴哈力图论证人的本质在于感性之"爱"，不能被感受到的他人都是非实在的，因而是非本质的。费尔巴哈将人与人之间的需要归结为情感，以至高的情感，即爱的情感满足一切人的需要与生活。来自感官的感觉

① 《马克思恩格斯文集》第 1 卷，人民出版社，2009，第 531 页。

与感受到情感的感觉，是我们认识对象、认识他者的唯一途径，是我们确证对象为实在的唯一手段。费尔巴哈认为，经验论也承认感觉，但是经验论没有认识到从对象上确证到感觉，不是对象，而是人本身，是人的本质。在费尔巴哈看来，社会的发展进步、受苦人们的出路就在于使得人与人之间的产生的互爱的情感，使人们感受到爱，就会远离痛苦，人们感受着欢乐的感情，就会远离犯罪与堕落，"假如你们想要改善人们，那么，就使他们幸福吧；假如你们若想使人们幸福，那么请到一切幸福、一切欢乐的源泉——感官那里去吧"①。马克思肯定费尔巴哈的感性原则，这一原则承认感觉的优先性，拒斥理性的绝对统治，但是费尔巴哈没有从感性存在进入感性活动，而是由感性存在退回感觉与感情，只有在感觉与感情的范围内，费尔巴哈才承认现实的人。费尔巴哈把社会关系变成空洞的理论描述，"费尔巴哈关于人与人之间的关系的全部推论无非是要证明：人们是互相需要的，而且过去一直是互相需要的"②。费尔巴哈把感性的需要进一步理解为人的本质，指出正是在这一点上人与动物相区别。"人只因为他是感觉论的有生命的最高级，是世界上最感性的、最敏感的生物而有别于动物。感官是人和动物共通的，但只有在人身上，感官的感觉从相对的、从属于较低的生活目的的本质成为绝对的本质、自我目的、自我享受"③，通过将人的感觉确立为人的本质，费尔巴哈所建构的是一种哲学唯物主义，这种感觉论只是抽象反思中的概念化的感觉。

费尔巴哈只能从感觉中看到人与人之间的相互需要，并将相互需要归结为爱的情感，但是他没有看到人与人之间的关系不是直接的情感关系，而是社会关系，"他在这里也仍然停留在理论领域，没有从人们现有的社会联系，从那些使人们成为现在这种样子的周围

---

① 《费尔巴哈著作选集》上卷，荣震华、李金山译，商务印书馆，1984，第213页。
② 《马克思恩格斯文集》第1卷，人民出版社，2009，第548~549页。
③ 《费尔巴哈著作选集》上卷，荣震华、李金山译，商务印书馆，1984，第212页。

生活条件来观察人们"①。因此，当面对社会贫困现象，面对穷苦的劳动者时，费尔巴哈认为应当给予他们充分的爱与关怀，他们和工厂老板与其他所有的健康人一样拥有为人的本质，因此应当帮助他们实现人的本质，人的本质应当无差别地反映在每一个人身上。费尔巴哈对劳动的理解也仅限于对情感层面的直观，他认为人应该在劳动中感到幸福，因为这是人的本质活动，"在劳动时，他也不应当想到娱乐，而是应当在劳动中、在活动中寻找乐趣；一般说来，他应当做一切属于人应该做的事，应当做一切正是与他此时此刻的本性相符合的事；也就是说，他应当愉快地有兴地去做一切事，在做的时候，他应当意识到他由此将完成他的规定"②。可见费尔巴哈是从"人的本质"的哲学出发的，但是，当他把感性直观的现存世界看作人的本质或世界的本质时，必然与他的理性观念发生矛盾，观念中的人与自然的和谐、人与人之间的爱与现存世界之间的分裂呈现在费尔巴哈眼前，为了弥合这一分裂，费尔巴哈只能再次通过他的"哲学的头脑"，亦即"二重性的直观"，"这种直观介于仅仅看到'眼前'的东西的普通直观和看出事物的'真正本质'的高级的哲学直观之间"③。他看不到人的现实的生活条件正是他所寻求的类本质，相反，这些生产条件存在一天，人们的生活状况就无从得到根本的改善，正如马克思所说，"当他看到的是大批患瘰疬病的、积劳成疾的和患肺痨的穷苦人而不是健康人的时候，他便不得不求助于'最高的直观'和观念上的'类的平等化'，这就是说，正是在共产主义的唯物主义者看到改造工业和社会结构的必要性和条件的地方，他却重新陷入唯心主义"④。

第二，感性活动意味着将人的感性的感觉理解为工业历史的产物。

---

① 《马克思恩格斯文集》第1卷，人民出版社，2009，第530页。
② 《费尔巴哈著作选集》上卷，荣震华、李金山译，商务印书馆，1984，第216页。
③ 《马克思恩格斯文集》第1卷，人民出版社，2009，第528页。
④ 《马克思恩格斯文集》第1卷，人民出版社，2009，第530页。

费尔巴哈认为人的感性的感觉不是属神的，而是属人的。他通过论证人通过自身的感性知觉确证自己的感性存在，因而把上帝逐出人的现实世界。神学将人的感觉与人的实体分割为两个互相独立的实体，从而以上帝确证人的感觉，进而确证人的实体的存在。在费尔巴哈看来，正是这种"偷换"，将人与人自身的感觉分离开，而实际上人并不需要通过上帝来确证自身的就是实体性的存在，就是实在的本质。费尔巴哈是这样分析感性的，"如眼的对象是光而不是声音，不是气味，而眼的本质就在眼的对象中向我显现出来。说某一个人是否看得见，和说某一个人是否有眼睛，是同样的意思。因此我们在生活中也只是按照事物和实体的对象来称呼事物和实体……在这个对象的本质中所表示出来的，只是人自己的本质"①。费尔巴哈的感性原则实际上是反对神性的"肉身"原则，他一刻也不能离开"唯物主义"的基地，一刻也不能放弃对于感性存在的直观。对于费尔巴哈来说，如果离开人的物质性存在，那么就会进入纯理性的超验玄思哲学中。"如果人摆脱了肉体，否定了肉体这个作为主观上的理性限制，那么人就会沉溺到一种幻想的，超越的实践中去。"② 因此，费尔巴哈把人的认识活动与实践活动都归结为人的感觉存在，还原为人的感官作用。

费尔巴哈一方面把人的感觉归结为人的物质性存在的实体内容，另一方面把通过感官呈现的现实生活的内容直接地肯定为人的现实生活的本质，但是即使这种被承认为某种"哲学上的本质"的现实状况也有自身的生产的历史，"这种活动、这种连续不断的感性劳动和创造、这种生产，正是整个现存的感性世界的基础，它哪怕只中断一年，费尔巴哈就会看到，不仅在自然界将发生巨大的变化，而且整个人类世界以及他自己的直观能力，甚至他本身的存在也会很快就没有了"③，因此，费尔巴哈没有看到他所承认的来自感官的现

① 《费尔巴哈著作选集》上卷，荣震华、李金山译，商务印书馆，1984，第126页。
② 《费尔巴哈著作选集》上卷，荣震华、李金山译，商务印书馆，1984，第161页。
③ 《马克思恩格斯文集》第1卷，人民出版社，2009，第529页。

实生活内容的感性生产过程。

第三，感性活动意味着从暂时性、阶段性上理解感性存在。

费尔巴哈将人的类存在理解为人的永恒的本质。费尔巴哈认为，旧哲学将人的本质确立为抽象的实体，一个仅仅在思维中存在的实体。而在新哲学中应当将人的本质肯定为感性的实体，感性是每一个人能够肯定自身为实在的唯一方式。旧哲学中，思想被提升为第一位，一方面不被思想的东西即是不存在的东西，另一方面思想可以怀疑一切存在，但是无法怀疑思想自身。费尔巴哈指出，近代哲学以怀疑精神所做的所有批判工作，其出发点却是自我意识，这样一个实体存在的抽象物，它只有精神性的意义，没有实在的内容，因此问题又回到感性确定性中，进而，思维不是检验存在的标准，取代这一标准的是爱。在费尔巴哈那里，不被爱的东西则是不存在的东西。除了本体论的批判以外，费尔巴哈以同样的原则对艺术审美领域进行批判。费尔巴哈认为旧哲学将艺术抽象化，艺术成为各种抽象原则的体系，而进一步将这种抽象原则确立为与无限的永恒存在相适应的绝对的对象性领域。但是如果进一步深入艺术的内容，就会发现艺术不过是对感性的表达，艺术的创造和对艺术的审美活动的完成，都是由人的感性的感觉来完成的。因此费尔巴哈认为艺术与其他领域同样是一种表达感性事物的方式，而感性是事物存在的永恒本质。的确可以说，人的一切活动都可以归结为人的感觉的创造和结果，但是，人的感觉本身是具有自身实体性内容的，它不断通过实践活动获得自我形式与内容的同时的发展，中世纪的人的感觉所发生与赖以存在的条件必然与古希腊不同。费尔巴哈虽然肯定人是感性存在物，但是感性不是独立于人的自我生产之外的神圣对象，"费尔巴哈的错误不在于他说出了这一事实，而在于他以唯心主义的方式使之独立化了，没有把它看作是历史发展的一定的、暂时的阶段的产物"①。

---

①　《马克思恩格斯全集》第 3 卷，人民出版社，1960，第 97 页。

　　第四，感性活动意味着从人们的世俗基础理解包括宗教观念在内的意识活动。"由于费尔巴哈揭露了宗教世界是世俗世界的幻想（世俗世界在费尔巴哈那里仍然不过是些词句），在德国理论面前就自然而然产生了一个费尔巴哈所没有回答的问题：人们是怎样把这些幻想'塞进自己头脑'的？"① 对人们的经验过程进行描述并不难，可以构造种种范畴以适应人们的生活表现，但是如果不能深入人们的生活表现背后，深入种种生活表现是如何通过人们的活动被生产出来的，那么这种对经验的描述只不过是又生产了一种外在的抽象理论，依旧停留在对经验表象的描述中。费尔巴哈通过感性直观，将现存事物纳入他的哲学，将事物的感性存在承认为事物的本质，只是"希望加强对这一事实的理解，也就是说，和其他理论家一样，只是希望达到对现存事物的正确理解，然而一个真正的共产主义者的任务却在于推翻这种现存的东西"②。

　　可见，费尔巴哈的唯物主义基础是直观的感性存在，将感性追溯于感官知觉与情感联系，并以此为可经验的现实的唯物主义基础。在马克思的感性活动原则中，人是现实地生产自身的物质性与精神性存在的实践主体，抑或可以说，人的本质就是人的生产史，离开人的自我生产史，人就是一个抽象的、想象中的存在物。马克思将人的现实历史的前提首先确立为四个物质性因素，这种联系不在于直观的感觉经验与情感、知觉，在这种以历史本身为前提的考察中，"一开始就表明了人们之间是有物质联系的"③。

　　马克思指出，人的第一个历史活动是对生存条件、生存资料的生产，即物质生活本身。第二个历史活动，是第一个生产活动中所产生的新的需要的再生产以及满足新需要的生产活动。第三个历史活动即人本身的自我再生产，即增殖。在这一活动中，直接产生家庭关系与新的社会关系。在论述完这三种活动之后，马克思强调这

---

① 《马克思恩格斯全集》第 3 卷，人民出版社，1960，第 261 页。
② 《马克思恩格斯全集》第 3 卷，人民出版社，1960，第 47 页。
③ 《马克思恩格斯全集》第 3 卷，人民出版社，1960，第 34 页。

三种活动并非历时性的，而是共时性的。也就是说，人的物质性生产，同时包含人的生存、需要的再生产、人本身的再生产，三者为有机统一的物质性过程，因此也可以理解为生产活动总体的三个不同方面。在这一物质性活动过程之中，人改造自然的工具、人与人之间的交往形式必然同时地发展变化，生产活动的三个方面实际上所表明的正是人的物质性生产的历史辩证法。一切生产力的发展，生产关系的变化，组织形式的变化，都可以从这种经验的过程中得以说明。

马克思批判德国哲学家们对于家庭的考察，总是从家庭的观念出发，而家庭作为人的生产活动的一个表现形式，是人本身生产与再生产的新的需要所产生的结构变化，这些外在的变化应当从经验的材料中去研究，亦即从家庭的成员以及他们同时作为社会的成员的生产状况中去研究。而这种经验的考察同时是对人们通过与自然界的物质生产形式、人与人之间的物质交换形式的考察，而不是仅仅将家庭关系理解为以纯粹血缘关系形成的自然联结。费尔巴哈虽然同样反对思辨哲学的抽象性，但是他所理解的人的增殖活动的物质性基础就在于，"你们不是用头脑生孩子，那么如果你们循序思考却得出这样的结论：那种依照你们头脑类推出来的东西，一种除了你们的头脑的本质而外不表现任何其他本质的东西也一样不能生产人，不能生产有血有肉的存在物，并且一如现在你们的存在要归功于人的感性，你们最初的起源也归功于自然的感性"①，费尔巴哈将人的增殖活动完全归结为自然血缘关系，费尔巴哈没有看到"一当人们自己开始生产他们所必需的生活资料的时候……他们就开始把自己和动物区别开来"②。

与费尔巴哈旧唯物主义相区别，如前所述在感性活动特性的第四个方面，马克思指出所有的生产和再生产都同时包含着双重关系，即自然关系与社会关系。在这一层面，马克思变换了视角。如果说

---

① 《费尔巴哈著作选集》上卷，荣震华、李金山译，商务印书馆，1984，第214页。
② 《马克思恩格斯全集》第3卷，人民出版社，1960，第24页。

前三个方面马克思以历史的视角论述了人的基本的物质活动基础，那么第四个方面马克思从哲学人类学的视角加深了对前三个方面的阐述，同时将哲学人类学视角与历史视角相融合。马克思指出，在德国是不可能从工业与商业历史研究人类史的，因为德国的理性主义传统与超验哲学倾向同时出现在唯心主义与唯物主义之中。超验哲学的内容归根结底是抽象的人的社会关系与自然关系，将这些关系抽象为概念体系就得到精神的历史，而将之划归为感性的知觉与情感则陷入旧唯物主义。而马克思将人的活动本身揭示出来，即随着生产力形式的变化及生产方式的发展，那么历史不外是生产力与生产关系的运动，以及在同一过程之中的社会关系与自然关系相互作用的人的现实活动过程，"它的历史和人的历史一样长久；这种联系不断采取新的形式，因而就呈现出'历史'"①。

第三节　历史发展的动力

一　黑格尔辩证法对历史动力观的贡献

在黑格尔哲学的唯心主义形式下，包含对历史动力的深刻探索。正如恩格斯曾经感叹的，费尔巴哈虽然是一个唯物主义者，但是面对历史领域却有着"惊人的贫乏"，相比之下，在黑格尔哲学中往往呈现出"形式是唯心主义的，内容是实在论的"②的丰富内容。在对历史发展动力的探讨中，黑格尔超越了庸俗化的历史观，既没有从个别人物的个别动机出发阐释历史，又超越了道德评价，而是从宏观的历史进程中，力图探索历史发展的客观动力。

黑格尔的《逻辑学》可被视为他对于历史发展一般形式的抽象，在逻辑学中，范畴是通过自身的对立统一从一个环节过渡到下一环节。正如马克思所评价的，黑格尔"第一个全面地有意识地叙述了

---

① 《马克思恩格斯全集》第 3 卷，人民出版社，1960，第 34 页。
② 《马克思恩格斯文集》第 4 卷，人民出版社，2009，第 290 页。

辩证法的一般运动形式"①。发现事物中的矛盾是康德的贡献，黑格尔认为康德揭示了事物的内在矛盾。但是康德却拒斥矛盾，仍然囿于对事物的知性认识中，将矛盾归于物自体，从而与具体事物分割开。黑格尔对康德的另一方面的批判在于，康德虽然列举了矛盾的形式，但是从经验中得来的，既不具有内在的联系，又不能对其自身的完备性做出证明。因此，黑格尔的逻辑学中的诸概念就扬弃了以上两个方面的缺陷，既有内在的联系，又是完整的概念体系，既来源于经验，又是对经验的合理抽象。虽然黑格尔的逻辑学是通过概念的矛盾运动来表达的，但是辩证法并不能等同于矛盾概念的组合。例如本质与现象、内容与形式、偶然性与必然性、可能性与现实性都是重要的辩证法的基本范畴，但是单独地抽象出某一或者某一系列的范畴都不能完整地表征辩证法的方法论意义。辩证法既是历史发展的客观规律，又是人的认识规律，对于具体的历史事件的分析和解决，绝不是依靠套用范畴形式，抑或"正－反－合"的三段论来完成的。

黑格尔曾用很大篇幅批判这种形式主义的形而上学。这种形式主义的特点在于"每个规定或形态在别的规定或形态那里都可以重新被当作图式的形式或环节使用"②，这样就造成范畴之间的联系与差别是任意的，对于具体事物来说，只具有感性直观的意义，"被表述出来的，就不是内在生命及其实际存在的自身运动；按照一种表面的类比而表述出来的，毋宁是关于直觉即关于感性知识的这样一种单纯规定性，而对公式的这种外在的空洞的应用，则被称之为构造"③。因此黑格尔强调辩证法是将事物本身的内在生命力加以认识并陈述出来的过程，任何脱离事物内在联系的辩证法，与其说是辩证法，毋宁说是范畴的组合。因此辩证法是从事物内在性出发把握

---

① 《马克思恩格斯文集》第 5 卷，人民出版社，2009，第 22 页。
② 〔德〕黑格尔：《精神现象学》上卷，贺麟、王玖兴译，商务印书馆，1962，第 37 页。
③ 〔德〕黑格尔：《精神现象学》上卷，贺麟、王玖兴译，商务印书馆，1962，第 37 页。

事物发展规律的方法，将辩证法拆解开就失去了辩证法的精神实质。例如在《论持久战》中，针对"亡国论"与"速胜论"两种思潮，分析了国内抗日战争胜利的条件，日本国内经济及军事力量，以及国际环境的影响等等，仅从这一方面来看，就可以从中抽象出偶然性与必然性、整体与部分、现象与本质等多对范畴，而其中又同时包含对立统一律、质量互变律、否定之否定律。因而对辩证法作为一种方法论的运用绝不等同于从范畴形式出发分析现象或问题，而是对辩证法作为一种方法论的整体运用和发展。

黑格尔对于形式主义的批判就在于要求从事物的内在性出发，辩证法是事物内在的本质规律，而不是将规定教条地从外部输入事物中。因此历史运动的根源在于历史内部的矛盾，而不是像封建神学那样存在一个超验的造世主创造人类历史，"他超越基督教与部分启蒙思想家历史观的重要之处在于，他不再把作为推动历史发展动力的矛盾理解为两种实体之间的斗争，即善与恶之间或者理性与迷信之间的绝对斗争，而是认为理性在自身发展的进程中存在着自我矛盾，这一矛盾不断地自我否定、发展"①。同时，黑格尔强调历史规律是具体的。矛盾运动如果不与具体的事物相结合，就不能阐明事物本身的"生命力"②。因此，在黑格尔那里，绝对精神与世界历史是统一的。黑格尔严厉批判历史编纂学，指出编纂学的方法是搜集史料，并从主观的方面进行加工。在建立起一种看似具有说服力的理论体系之后，就认为理解并找到了这些被占有材料的本质内容，而实际上他们只不过是搜集资料，而从来没有超出过自身主观性的狭隘立场。因此，在黑格尔那里历史是客观的，历史是由其本身的矛盾运动所构成的，不以个人意志为转移的发展历程，正如甘斯所

---

① 李艳艳：《马克思恩格斯历史发展动力观的理论超越及其当代启示》，《马克思主义研究》2019 年第 1 期。

② 德语的"精神"（Giest）一词如拉丁文 spiritrus，希腊文 pueuma，希伯来文 ruach，都具有呼吸和气息意思。有学者指出从词源学上来看，德文中"精神"本身就有"生命"之意。参见 Walker Kaufmann, *Nietzsche*, *Philosoper*, *Psychologist*, *Antichrist*（New Jersey：Princeton University Press, 1974），p. 237。

说，黑格尔"无意以神祇自居去创造历史，而只是一个凡人从事探讨那已经创造出来的'历史'、那孕有理性而且富于观念的'历史'"①。因此历史的动力要在历史本身内去寻找，而不是外在于历史的思辨构建。

同时，黑格尔认为辩证法是对事物本质的全面揭示，具有全面性的本质要求，这体现在黑格尔整个哲学体系、历史哲学体系及历史哲学的具体论述中。首先，黑格尔的整个哲学体系是对人与自然和社会之间的联系所做的探索和阐述。逻辑学是包罗万象的世界的最抽象的联系，而其余包括历史哲学、法哲学等在内的部门哲学是对世界本质规律在某一特定侧面展开的历程所做的陈述。因此，黑格尔哲学本身就表明了他的范畴体系是由事物之间内在的必然的联系所决定的。其次，黑格尔认为世界历史是一个完整的整体，必须首先立足其整体的联系，才有可能为历史做出科学的分期，并只有通过整个历史的展开，才能显示其内在的本质的联系。在黑格尔那里，世界历史是作为一个全体展开的，是从开端到完成形式，从现象到本质的展开过程。在这个过程中，影响世界进程的要素相互作用，但它们都决定于绝对精神，即受历史内在本质规律的支配，并根据绝对精神本身的规定确定各个历史时期、历史人物、国家民族交往等的相互关系，在这个意义上，真理只有作为"大全"才能够说明自身。同时，在黑格尔的历史研究中，对历史进行了全面的分析，如对地理环境、历史人物、国家交往、民族发展等维度都进行了考察，并力图从中找到客观的、必然的联系。

可见，黑格尔从事物的内在矛盾性出发，指出辩证法就是对事物本质的揭示，"认识到思维自身的本性即是辩证法，认识到思维作为理智必陷于矛盾、必自己否定其自身"② 构成黑格尔辩证法的立足点，在此基础上，黑格尔确立了历史认识的内在性、具体性与全面性的原则。

---

① 〔德〕黑格尔：《历史哲学》，王造时译，上海书店出版社，1999，第7页。
② 〔德〕黑格尔：《小逻辑》，贺麟译，商务印书馆，1980，第50页。

二 社会基本矛盾运动

黑格尔虽然深入社会历史发展，发现了辩证法的一般形式，但是局限于资产阶级立场，无法发现真正的社会历史动力，如恩格斯所说黑格尔始终"拖着一根庸人的辫子"①。辩证法只有在历史唯物主义的基础上，才能深入社会历史现实，才能超越资产阶级的狭隘眼界。"辩证法，在其神秘形式上，成了德国的时髦东西，因为它似乎使现存事物显得光彩。辩证法，在其合理形态上，引起资产阶级及其空论主义代言人的恼怒和恐怖"②，这正是因为在马克思恩格斯的理论中，辩证法不是关于事物表面运动的形式的教条，而是关于事物的本质的学说，是与科学地揭示历史现实的理论相统一的，因此社会现实就通过辩证法本身揭示出来。

在《德意志意识形态》中，马克思恩格斯提出了人们的全部社会生活决定于他们的"物质生产实践"。在 1846 年给安年科夫的信中，马克思明确提出了"生产力"概念，奠定了社会历史领域的客观性的基石。马克思指出："人们不能自由选择自己的生产力——这是他们的全部历史的基础，因为任何生产力都是一种既得的力量，是以往的活动的产物。可见，生产力是人们应用能力的结果，但是这种能力本身决定于人们所处的条件，决定于先前已经获得的生产力，决定于在他们以前已经存在、不是由他们创立而是由前一代人创立的社会形式。"③ 在《〈政治经济学批判〉序言》中，马克思进一步阐明了社会基本矛盾运动，即生产力与生产关系、经济基础与上层建筑之间的关系："人们在自己生活的社会生产中发生一定的、必然的、不以他们的意志为转移的关系，即同他们的物质生产力的一定发展阶段相适合的生产关系。这些生产关系的总和构成社会的经济结构，即有法律的和政治的上层建筑竖立其上并有一定的社会

---

① 《马克思恩格斯选集》第 4 卷，人民出版社，2012，第 225 页。
② 《马克思恩格斯文集》第 5 卷，人民出版社，2009，第 22 页。
③ 《马克思恩格斯文集》第 10 卷，人民出版社，2009，第 43 页。

意识形式与之相适应的现实基础。"①

　　生产力与生产关系、经济基础与上层建筑之间的矛盾运动是分析社会历史整体发展的基础领域，而不是对社会整体的机械拆分。在生产力与生产关系的矛盾运动中，一定的生产力决定一定的生产关系，而生产关系对于生产力有着反作用，生产关系既形成于生产力本身的发展过程中，又起着阻碍或推进生产力发展的作用。在这样的作用与反作用中，经济领域的前提性得到了强调，"我们自己创造着我们的历史，但是第一，我们是在十分确定的前提和条件下创造的。其中经济的前提和条件归根到底是决定性的。但是政治等等的前提和条件，甚至那些萦回于人们头脑中的传统，也起着一定的作用"②。马克思恩格斯也强调上层建筑对于经济基础的反作用。这两对社会基本矛盾，是对社会总体运动的抽象，并不是前者机械决定后者。在二者发生冲突的过程中，人们的意识也随之发生改变，由此产生了社会存在与社会意识之间的矛盾。马克思指出在考察历史发展时着重区别了这两种变革，"一种是生产的经济条件方面所发生的物质的、可以用自然科学的精确性指明的变革，一种是人们借以意识到这个冲突并力求把它克服的那些法律的、政治的、宗教的、艺术的或哲学的，简言之，意识形态的形式"③，并强调对时代的认识不能以人们的看法为依据，相反意识只能是被意识到的社会存在，意识形态既取决于社会发展形态，又具有相对独立性。意识归根到底产生于人们的生活实践，意识的客观性只能统一于实践的客观性进程，意识形态的发展也能在具体的历史进程中找到其根源并得到说明。因此马克思恩格斯并不否认意识形态对于社会历史的反作用，相反，阐明了意识形态的秘密，就在于社会实践中。"历史上所有其他的偶然现象和表面的偶然现象都是如此。我们所研究的领域越是远离经济，越是接近于纯粹抽象的意识形态，我们就越是发现它在

---

①　《马克思恩格斯文集》第 2 卷，人民出版社，2009，第 591 页。
②　《马克思恩格斯文集》第 10 卷，人民出版社，2009，第 592 页。
③　《马克思恩格斯文集》第 2 卷，人民出版社，2009，第 592 页。

自己的发展中表现为偶然现象，它的曲线就越是曲折。如果您画出曲线的中轴线，您就会发现，所考察的时期越长，所考察的范围越广，这个轴线就越是接近经济发展的轴线。"①

马克思恩格斯从社会历史的复杂关系抑或复杂交织的众多领域中划分出经济领域，并提出其他社会关系的发展和推进都取决于经济形态的发展，而这并不等同于经济决定论。经济决定论不是对社会历史客观性的承认，而是歪曲。在经济决定论中，经济形态与其他社会关系之间的复杂矛盾运动被简单理解为决定与被决定的机械运动，同时将社会基本矛盾运动的原理教条化，在具体的社会历史中加以套用，因此将马克思恩格斯的辩证法退回到前黑格尔的水平。马克思恩格斯的社会总体观在于从经济基础出发，但是同时注意到社会历史发展的复杂性、具体性。"任何时候，我们总是要在生产条件的所有者同直接生产者的直接关系——这种关系的任何当时的形式必然总是同劳动方式和劳动社会生产力的一定的发展阶段相适应——当中，为整个社会结构，从而也为主权关系和依附关系的政治形式，总之，为任何当时的独特的国家形式，发现最隐蔽的秘密，发现隐藏着的基础。不过，这并不妨碍相同的经济基础——按主要条件来说相同——可以由于无数不同的经验的情况，自然条件，种族关系，各种从外部发生作用的历史影响等等，而在现象上显示出无穷无尽的变异和色彩差异，这些变异和差异只有通过对这些经验上已存在的情况进行分析才可以理解。"② 因此，社会基本矛盾运动是历史发展的根本动力，而这并不否认其他社会关系与社会领域对历史发展的重要作用和影响。

三　阶级社会发展的直接动力

黑格尔在《法哲学原理》中提到了阶级对立的社会状况，集中体现了资产阶级立场的阶级理论特征。黑格尔认为阶级对立是永恒

---

① 《马克思恩格斯文集》第 10 卷，人民出版社，2009，第 669 页。
② 《马克思恩格斯文集》第 7 卷，人民出版社，2009，第 894~895 页。

的社会存在，因而不是从阶级存在的社会基础的自身发展中去理解，而是从阶级的静态分析中取得定义。

黑格尔指出，劳动阶级的存在是由分工的细化所导致的"依赖性"的增加，亦即劳动者越来越依赖于作为需求和分工体系的市民社会，他们"受困于"自己的劳动能力。正是这一点，导致贫富对立，亦即阶级对立，"一方面财富的积累增长了，因为这两重普遍性①可以产生最大利润；另一方面，特殊劳动的细分和局限性，从而束缚于这种劳动的阶级的依赖性和匮乏，也愈益增长"②。实际上，黑格尔是将劳动阶级视为社会生产的外在产物，而不是社会生产的内在组成部分。其立足点是将资本利润等同于社会财富，将资本视为生产主体和生产的动力，而劳动阶级是与社会财富不相匹配的社会存在，亦即社会的负担性存在。这又体现了黑格尔的精英主义，他同时将劳动阶级定义为不能实现真正的自由即精神自由的阶级，"这一阶级就没有能力感受和享受更广泛的自由，特别是市民社会的精神利益"③。黑格尔又从"精神享受"出发，认为由于不能享有精神自由的劳动阶级，失去教养，从而沦为"贱民"，"当广大群众的生活降到一定水平——作为社会成员所必需的自然而然得到调整的水平——之下，从而丧失了自食其力的这种正义、正直和自尊的感情时，就会产生贱民，而贱民之产生同时使不平均的财富更容易集中在少数人手中"④。可见，黑格尔立足市民社会的完满与永恒性的理论前提，从贫困和精神贫乏两个方面定义了"劳动的阶级"。在黑格尔那里，解决贫困的"劳动的阶级"的途径，是市民社会的向外扩张。通过向外扩张，即"市民社会矛盾的外化"，拓展海外市场，寻找更有消费能力的群体。实际上，黑格尔的方案并不是解决贫困问题，而是解决资本增殖的问

---

① "两重普遍性"在这里指前文黑格尔所说需求的普遍性以及满足需求的手段的普遍性。
② 〔德〕黑格尔：《法哲学原理》，范扬、张企泰译，商务印书馆，1961，第278页。
③ 〔德〕黑格尔：《法哲学原理》，范扬、张企泰译，商务印书馆，1961，第278页。
④ 〔德〕黑格尔：《法哲学原理》，范扬、张企泰译，商务印书馆，1961，第278页。

题，而将劳动问题视为一个永恒存在的形式。黑格尔将海外移民和海外市场视为民族国家世界化的重要途径，实际上是立足狭隘的民族国家利益来构建资本主义世界市场，并非真正意义上的民族国家走向世界历史的进程。

与此相反，马克思恩格斯的阶级理论并非立足资本需要，而是揭示着人类解放的现实途径，在发现社会基本矛盾运动的基础上，建立了科学的阶级斗争学说。正如马克思所说，阶级斗争学说并不是由他第一个发现，而阶级斗争的科学形态却是在马克思这里才得以完成的。马克思曾自述其阶级斗争学说，"无论是发现现代社会中有阶级存在或发现各阶级间的斗争，都不是我的功劳。在我以前很久，资产阶级历史编纂学家就已经叙述过阶级斗争的历史发展，资产阶级经济学家也已经对各个阶级作过经济上的分析。我所加上的新内容就是证明了下列几点：（1）阶级的存在仅仅同生产发展的一定历史阶段相联系；（2）阶级斗争必然导致无产阶级专政；（3）这个专政不过是达到消灭一切阶级和进入无阶级社会的过渡"[1]。可见，在马克思之前，阶级斗争学说已经存在，但是没有从阶级斗争与历史发展的内在联系中去理解。

阶级斗争是阶级社会的直接动力，资产阶级哲学家之所以要掩盖这一点，是出于巩固自身利益和统治的需要，将自身利益描绘成全社会的共同利益，而实际上无产阶级与资产阶级的本质对立既是资产阶级自身生存的基础，又是其自身必然灭亡的物质条件。马克思恩格斯既承认资产阶级曾经在历史发展中起过非常重要的进步作用，同时又看到资产阶级自身也生产出了同样作为大工业产物的无产阶级。资产阶级自身正是脱胎封建社会的产物，伴随着封建宗法关系的破坏，资产阶级确立了大工业的生产方式，以利己主义和交换关系取代了旧式手工业和农奴制的一切社会关系。从生产工具和生产关系上来看，更直接地体现着资产阶级的进步力量，其对生产

---

① 《马克思恩格斯文集》第10卷，人民出版社，2009，第106页。

力的推动是封建生产关系所无法想象和企及的。但是不同于黑格尔将这种资产阶级的存在视为永恒的社会存在，进而将劳动者视为与社会相对立的产物，马克思恩格斯指出无产阶级不仅创造了社会财富，而且本身就是工业社会的内在矛盾运动的产物。黑格尔从精神上和低收入上定义无产阶级，但是没有看到无产阶级是生产的力量。无产阶级本身的生存条件，是整个社会存在的基础，即只能通过出卖自己的劳动力维持生存。无产阶级的队伍还将随着资产阶级不断集中占有社会财富而壮大，小工业家、小商人和小食利者都将由于自身生产资料的被剥夺而加入无产阶级的队伍。因此无产阶级与资产阶级的对立实际上是生产力与生产关系自身矛盾运动的人格化体现。

与黑格尔的精英主义倾向不同，马克思恩格斯并非站在"一部分人对一部分人的战争"的层面理解阶级斗争，而是认为阶级斗争是消灭一切阶级压迫的手段，资产者和无产者不过是资本主义生产关系的人格化。阶级斗争不是要消灭资产者，而是要消灭人作为资产者的生产关系。从而社会化取代私有化，并在新的社会基础之上，实现人的自由发展。因此，阶级斗争不是狭隘的人与人之间的敌对，而是作为物质生产力发展的必然，这种必然性不以主观意志为转移，而是随着生产条件等历史条件的成熟而必然发生的。因此无产阶级革命带来的是资本主义社会向社会主义社会的转变，而这一转变需要考察客观的历史条件，即"历史上周期性地重演的革命动荡是否强大到足以摧毁现存一切的基础；如果还没有具备这些实行全面变革的物质因素，就是说，一方面还没有一定的生产力，另一方面还没有形成不仅反抗旧社会的个别条件，而且反抗旧的'生活生产'本身、反抗旧社会所依据的'总和活动'的革命群众，那么正如共产主义的历史所证明的，尽管这种变革的观念已经表述过千百次，但这对于实际发展没有任何意义"①。

---

① 《马克思恩格斯文集》第 1 卷，人民出版社，2009，第 545 页。

可见，马克思恩格斯指明了阶级斗争是阶级社会发展的直接动力，阶级斗争的必然结果是对资本主义生产方式的消灭，从而消灭一切阶级对立。由此完成了资产阶级学说中对阶级斗争仅仅是服务于资本主义发展这一根本看法的批判。

第四章

马克思恩格斯的历史认识论

黑格尔在反思英法资本主义发展成果的基础上，指出历史是经由自我否定不断向前发展的过程，具有一定合理性和历史进步性。但是同时，黑格尔无法超越德国资产阶级视域，将资本主义社会理解为全部人类历史的终点，因此是德国资产阶级意识形态的直接反映。马克思恩格斯则立足人类物质生产实践，提出从抽象上升到具体的方法，将思维范畴视为对现实关系的反映，在"具体总体"中再现现实的社会历史发展过程，以思维的具体再现现实的具体，批判了黑格尔从社会意识形态出发对资本主义生产关系的遮蔽；提出了"从后思索"法，通过对社会形式在其完成的，抑或发展了的形式的考察，揭示作为商品生产典型形式的资本主义社会的本质，批判资本主义永恒化的假象，阐明了资本主义社会的暂时性和阶段性。马克思曾在《〈政治经济学批判〉导言》中提到，"资产阶级经济学只有在资产阶级社会的自我批判已经开始时，才能理解封建的、古代的和东方的经济"①。马克思恩格斯的历史认识论完成了对黑格尔的资产阶级立场的扬弃，批判了黑格尔的唯心史观，超越了"资产阶级社会的自我论证"的哲学，从而实现"资产阶级社会的自我批判"，完成了逻辑与历史相统一的方法论建构。

---

① 《马克思恩格斯文集》第8卷，人民出版社，2009，第30页。

第一节　作为"真正的实证科学"的历史

一　黑格尔的历史认识论

在黑格尔的哲学体系中，历史哲学隶属于精神哲学，是逻辑学在精神领域中的应用，因此贯穿黑格尔整个历史哲学的首要原则是历史与逻辑相统一的原则。如前所述，绝对精神的自我运动构成历史的本质性维度，历史则是绝对精神外化的经验世界。据此，黑格尔在《历史哲学》中提出了历史研究方法的三种分类。

第一种是不考虑历史的内在逻辑，由历史作家的陈述来完成的历史记述，称为"原始的历史"。这种考察方法以记述见闻为主，多为作者亲身经历的事件的直接记录。其典型为古希腊的历史作家。这一方法的缺点在于记录的范围小，视野狭窄，主观性强。作者只能记录他们亲身经历的历史事件，最多记录他们亲眼看到的，与自身利益紧密相关的历史事件。这一方法的优点在于，能够通过作者看到内容丰富甚至充满感情与智慧的历史风貌。由于这种历史极大地依赖个人的主观性，因此如果作者为优秀的政治家或军事家，由于本人就是杰出的历史人物，那么对于历史事件的把握更可能贴近事件具体情境。比如腓特烈大帝，他是黑格尔很欣赏的历史人物，因而他所写的《今世通史》在这方面就受到黑格尔的肯定。

第二种是开始追求历史逻辑的阶段，称为"反省的历史"。这种历史是历史方法由史料整理向逻辑建构的发展过渡阶段，其中包含四种子类型。第一类为整理资料的历史方法。黑格尔实际上批判的是历史编纂学，编纂学与"原始的历史"非常接近，侧重于陈述史料。编纂学家写作历史著述时，往往在众多的历史资料中迷失了理性的把握，不能在历史事件中把握其特殊性与本质。例如对古代战役的描述虽然让人身临其境，但是这样的描述让人远离了该战争的本质。对于表象的描述看似还原了历史场景，实则是对历史事件的最一般的表现的陈述和文学加工。第二类为"实验的历史"。这一类历史研究采用的方法是以过去的原则来衡量现在的历史阶段，而没有注意到历史发展不同阶段的特殊性。因此这种方法只能得出关于历史的抽象原则，而对于现实的、当下的历史毫无价值，只是停留在抽象的理想中。第三类为"批评的历史"，即对历史事件进行主观臆断，从而代替研究具体事实。第四类为局部反省的历史。在这种局部反省中，逐渐地意识到纯粹表象的联系，与历史本质的联系之间的区别，从而这一阶段是从局部必然性的探索向整体必然性发展的过渡阶段。

　　第三种是历史内在逻辑得以发现和证明自身的阶段，黑格尔称为"哲学的历史"，实际上就是黑格尔所完成的基本方法，即历史与逻辑相统一。黑格尔将这一方法的应用过程表述为"历史的思想的考察"[①]。黑格尔所言"历史的思想"，与其"理性统治世界"这一原则中的"理性"相同，亦即绝对精神。在这一根本原则的基础上，黑格尔发展出了他的具体的历史考察与认识方法。黑格尔对历史的考察，对于历史科学的发展具有里程碑式的意义。可以说黑格尔哲学的重要贡献就在于他的辩证法，而辩证法与他的历史观又是相互融合、密不可分的，二者并不是简单的"唯心主义"外衣与"合理内核"之间的叠加关系。从这个意义上，不能不说阿尔都塞的洞见是深刻的，"不能想象黑格尔的意识形态在黑格尔自己身上竟没有传染给辩证法的本质，同样也不可能想象黑格尔的辩证法一旦被剥去了外壳就可以奇迹般地不再是黑格尔的辩证法而变成马克思的辩证法……神秘外壳根本不是思辨哲学、'世界观'或'体系'，不是一种可被认为同方法相脱离的成分，而是本身就属于辩证法"[②]。因此只有将辩证法"内嵌"入黑格尔的哲学与"世界观"才能揭示既作为内容又作为方法的黑格尔哲学的贡献。

　　第一，黑格尔认为历史是客观必然性的领域，具有积极的反封建、反神学的意义。黑格尔虽然将自己的哲学称为"辩神论"，但是

---

① 〔德〕黑格尔：《历史哲学》，王造时译，上海书店出版社，1999，第8页。
② 〔法〕阿尔都塞：《保卫马克思》，顾良译，商务印书馆，2010，第79~80页。

并不是在一般的宗教意义上的为上帝辩护的理论，黑格尔的"上帝"就是他所信奉的绝对精神。在黑格尔看来绝对精神超越了宗教把握世界的方式，达到了真正的客观性。在黑格尔看来，宗教让人们屈从于有限的上帝，上帝没有在宗教中获得全知全能的地位。从这一意义上，宗教与泛神论相同，"仅仅叫人信仰于一个鉴临的'奴斯'，或者'神意'，那是不够的"①，二者都没有给出彻底的客观必然性的说明，不足以让人信服。除非将历史的全部本质揭示为一个完整的自在自为的体系，否则就不能克服以往历史观中的主观性成分。如甘斯所言，黑格尔所揭示的历史理性"既排除了主观的'推理'，但又不勉强把一切历史记录装在一个公式的模型里；既在逻辑的发展上和历史叙述显然散漫而无秩序的路线上把握着和表现着那个'观念'，但又不让这种步骤侵犯历史的叙述"②。黑格尔要证明的这一"观念"是在历史领域显现自身的客观理念，即"它是自己本性的判断，同时它又是一种自己回到自己，自己实现自己，自己造成自己，在本身潜伏的东西的一种活动"③。因此，黑格尔结束了神学在历史领域的统治，彰显了反对中世纪神学统治的进步意义，力图使历史从自身的发展运动中得以说明。

第二，黑格尔认为历史是一个辩证发展的过程，经历了从低级向高级的发展阶段。黑格尔将历史视为自由意识的自我进展。具体来看，在世界历史进程中，一方面，自由意识是从简单到丰富的上升过程。自我意识按照程度不同，形成不同的历史阶段，据此黑格尔形成了他的历史阶段理论，"东方世界—希腊世界—罗马世界—日耳曼世界"表征着自由意识"对个人自由的意识—对群体自由的意识—对普遍自由的意识"的上升过程，自由意识从单纯的自我意识进展到包含所有人的自由的普遍意识的自我运动。因此，黑格尔又称日耳曼世界为历史的"老年时代"，代表着对世界历史全部精神成

①〔德〕黑格尔：《历史哲学》，王造时译，上海书店出版社，1999，第16页。
②〔德〕黑格尔：《历史哲学》，王造时译，上海书店出版社，1999，第7页。
③〔德〕黑格尔：《历史哲学》，王造时译，上海书店出版社，1999，第18页。

果的占有，亦即对精神的自由本质的发展的完成。另一方面，黑格尔将世界历史视为自我意识从低级的自为存在到高级的自在自为的精神阶段的进展过程。在黑格尔看来，历史是人类自觉意识的反映。黑格尔将原始诗歌、稗史和民歌等排除在历史学之外，认为在这些作品中，人类的历史意识处于朦胧状态，还没有形成清晰的民族观念，因而对人类自身的发展也就没有初步的把握，只是零散的感性表达。只有认识到自己的民族与国家的历史出现时，才是历史的开端。因此黑格尔也将历史视为各民族国家由独立的民族，走向世界历史民族的过程。世界历史民族是特殊历史民族的完成形式，这是精神对自身终极使命的自觉完成。

第三，黑格尔论述了历史发展的客观性与人的活动的辩证关系。在对历史认识的客观性的讨论中，核心问题就是如何认识人的活动的主观性质与历史规律的客观性之间的对立。黑格尔否定了人的活动的主观性可以取代或者抹杀历史规律的客观性的观点，并且在此基础上承认人的活动是历史发展的动力。黑格尔认为，仅仅有纯粹理念对于世界历史的形成来说只是具有了必要前提，而理念的实现还要依赖人的意志，即通过人的活动使得客观理念成为客观现实。因此，在黑格尔那里，人的活动的主观性并不构成对历史客观规律的否定，并且主观性受客观性的支配。可见，黑格尔超越以往历史学家之处在于，在历史的偶然性之中发现历史发展的必然规律，揭示将历史结果与人的活动的总和相联系的重要性。

第四，黑格尔的历史哲学是他的普遍联系的观点的延伸，是从人的发展的整体性视角来理解历史进程。恩格斯曾经评价黑格尔是"百科全书式"的哲学家，在他的哲学体系中阐发了前所未有的丰富思想。历史哲学在黑格尔的哲学体系中属于部门哲学，又可视为"应用逻辑学"的一部分。因此，一方面，黑格尔通过对历史进程中理性逻辑的阐述，将历史哲学作为一个独立的哲学领域，将人在历史进程中的地理环境、民族精神、国家制度、法律与社会习俗等作为一个有机整体；另一方面，历史哲学从属于黑格尔的绝对精神体系，通过这一哲学体系，黑格尔将自然与历史统一起来，力图通过统一的逻辑形式统摄人类社会历史的各个领域。

可以说，黑格尔在历史领域的功绩是划时代的，正如恩格斯所评价的，"他是第一个想证明历史中有一种发展、有一种内在联系的人，尽管他的历史哲学中的许多东西现在在我们看来十分古怪，如果把他的前辈，甚至把那些在他以后敢于对历史作总的思考的人同他相比，他的基本观点的宏伟，就是在今天也还值得钦佩"①。

二 黑格尔历史认识论的局限性

黑格尔对于历史理论的发展固然有着巨大的贡献，但同时也存在着根本的缺陷，即黑格尔的历史哲学归根到底是特定历史阶段资本主义意识形态的反映。在黑格尔看来，世界历史终结于即将在普鲁士王国完成的资本主义国家中。这构成黑格尔绝对精神的具体内容，也构成黑格尔历史哲学体系的出发点与终点。通过历史的客观性原则就是黑格尔对于他所认为的德意志这一历史出路的必然性的阐发，他将其他民族国家的发展都看作世界历史的初级和不完善的历史阶段，将日耳曼民族论证为世界精神的最后完成，也是唯一的世界历史性的民族。黑格尔的这一阶级立场既是黑格尔历史进步性的根源，也决定了他的方法的保守性与思辨性。

黑格尔积极批判近代哲学的形而上学性质以及神学对人的统治，发展了人的主体能动性。在对客观性问题的批判中，可以看到近代以来的哲学的讨论脱离了认识活动本身。对客观性问题的孤立探讨，实际上是使认识陷入一个封闭性领域，一个尚未进入认识活动的抽象理性领域，以至于由孤立的、静止的"我思"，发展为先验的、纯粹的"我思"。黑格尔对这一哲学发展的自我封闭性的走向有着深刻的见解，如在批判康德哲学由"物自体"概念上形成死结的根源时，将之比喻为"在没有学会游泳以前勿先下水游泳"②。因此黑格尔所

---

① 《马克思恩格斯文集》第 2 卷，人民出版社，2009，第 602 页。
② 〔德〕黑格尔：《小逻辑》，贺麟、王玖兴译，商务印书馆，1962，第 118 页。

要解决的问题是突破意识的封闭性理路，重新回到对认识活动本身的讨论之中，即真理如何形成。这一问题的逻辑起点正是在"无限性"这一概念中得到确立的。

黑格尔曾提出"恶的无限性"概念。在以往研究中，似乎这一概念只关涉到黑格尔的辩证法，实际上无限性概念深刻地揭示出由抽象认识论的讨论转向对象性活动的内在理路的变革。黑格尔通过批判旧的形而上学，依据"真正的无限性"原则阐明认识的真理性内涵，将认识活动展开为主体通过对象性抑或否定性活动而生成客观真理的过程。在关于认识的客观性问题的讨论中，客观性实际上被理解为"坏的无限性"，抑或"恶的无限性"。所谓"恶的无限性"，即"某物成为一个别物，而别物自身也是一个某物，因此它也同样成为一个别物，如此递推，以致无限"①。有限存在或为"某物"，或为"别物"，而某物与别物之间，并无内在的联系，因此相互独立，相互外在。列宁曾对此评注，"'恶无限性'是这样一种无限性，它在质上和有限性对立，和有限性没有联系，和有限性隔绝"②。因此，"恶的无限性"的本质就在于未能扬弃有限性，人们虽然宣称认识了事物，但是摆在人们面前的仍然是叠加的有限事物，而非事物得以产生变化的内在根据，因此"有限事物仍然重复发生，还是没有扬弃"③。

黑格尔认为历史的客观性就在于，客观理性，抑或"思维""思想"作为能动的主体活动扬弃经验的有限性表象，从而使事物本质获得实现的过程，由此以绝对"我思"扬弃以往哲学中的抽象"我思"。在此基础上，马克思提出关于现实性的理论，指出绝对"我思"正是将真理思辨化的产物，是在认识过程中没有彻底地贯彻真理性原则，亦即没有上升到现实性层面因而所造成的抽象结果。

由此近代以来的形而上学思维得到扬弃，并将客观真理的实现

① 〔德〕黑格尔：《小逻辑》，贺麟、王玖兴译，商务印书馆，1962，第206页。
② 《列宁全集》第55卷，人民出版社，2017，第95页。
③ 〔德〕黑格尔：《小逻辑》，贺麟、王玖兴译，商务印书馆，1962，第207页。

理解为认识活动的主体性与能动性的实现。如果说自笛卡尔以来的形而上学，将思维抑或理性禁锢于自身矛盾之内，那么黑格尔则表明，问题不在于拒斥"我思"，而在于重新扬弃"我思"。这一点恰恰是近代以来的哲学所未能完成的任务，因为近代哲学的扬弃方式是抽象的扬弃。因此，"在黑格尔看来，近代世界也已化为抽象思想的世界，黑格尔把与古代哲学家相对立的近代哲学家的任务确定如下：古代人必须把自己从'自然的意识'中解放出来，'把个人从直接的感性方式中清洗出来并把个人变为被思维的和思维着的实体'（变为精神），而近代哲学必须'取消僵硬的、确定的、不动的思想'"①。也就是说，在黑格尔那里，古代哲学以认识与客观对象的统一性为前提，认为"唯有借助于反思作用去改造直接的东西，才能达到实体性的东西"②，因而构成真理的实体性环节。进而，黑格尔认为近代哲学的抽象性就在于，将思维作为自我意识与直接的自然意识相区别的同时，将认识与事物本质分离，"这种思想与事情的对立是近代哲学兴趣的转折点"③。而如果不能将认识活动与事物的本质的关系理解为主体的活动，那么就会将事物本质理解为独立自存的东西，进而在认识活动之外讨论认识的客观性问题。在此基础上，黑格尔建立起思维的主体性与实体性的统一。

黑格尔的不足在于其客观性原则的不彻底性，将主体的能动性归结为思想的能动性，以"思想的能动原则"与"唯物的受动原则"相对立。在黑格尔看来，"唯物的受动原则"将事物看作僵死的客体，进而"这个基本原则若彻底发挥下去，就会成为后来所叫做的唯物论"④。黑格尔虽然正确地看到旧唯物主义之中所缺少的主体能动性，但是没有将主体能动性提高到现实性的层面，因而只是对旧唯物主义进行思辨的扬弃。而在马克思看来，旧唯物主义的主

---

① 《马克思恩格斯全集》第 3 卷，人民出版社，1960，第 211 页。
② 〔德〕黑格尔：《小逻辑》，贺麟、王玖兴译，商务印书馆，1962，第 77 页。
③ 〔德〕黑格尔：《小逻辑》，贺麟、王玖兴译，商务印书馆，1962，第 77 页。
④ 〔德〕黑格尔：《小逻辑》，贺麟、王玖兴译，商务印书馆，1962，第 115 页。

要缺陷在于"对对象、现实、感性，只是从客体的或者直观的形式去理解，而不是把它们当做感性的人的活动，当做实践去理解"①。在这一点上，"和唯物主义相反，唯心主义却把能动的方面抽象地发展了"②，因此黑格尔将认识过程思辨化，抽象地发展认识的能动性，仅仅将真理理解为在思维中把握的必然性过程。

在《神圣家族》中，马克思批判了黑格尔将认识的能动性思辨化的具体过程。首先，黑格尔认为通常的理智对经验中的感性存在进行加工，形成关于事物存在的一般概念，这种一般概念正是有限的规定性，因而是不真的、非本质性的，而实际上，黑格尔所否定的正是事物的个性与特殊性，以"果品"概念与水果的关系为例，"我的有限的、有感觉支持的理智能把苹果和梨、梨和扁桃区别开来，但是我的思辨的理性却宣称这些感性的差别是非本质的、无关紧要的"③。其次，思维作为有限性的全体，即作为普遍性，成为独立的自为存在，从而冒充为事物的本质，"思辨的理性在苹果和梨中看出了共同的东西，在梨和扁桃中看出了共同的东西，这就是'果品'。各种特殊的现实的果实从此就只是虚幻的果实，而它们的真正的本质则是'果品'这个'实体'"④。最后，从概念中生产出感性个体，思维完成对自身的否定之否定，感性存在的产生与变化就由此得以阐明。可见，黑格尔将认识活动对事物自身矛盾的揭示，视为绝对主体的自我运动、自我扬弃，于是事物的矛盾运动就成为概念自我运动的产物。所以在黑格尔那里，真理成为"一台自己证明自己的自动机器"⑤。

由于黑格尔抽象理解主体的能动性，因此始终停留于思辨化的真理观中，"一切显示普遍自我意识的有限性的东西——人及人类世

---

① 《马克思恩格斯文集》第 1 卷，人民出版社，2009，第 499 页。
② 《马克思恩格斯文集》第 1 卷，人民出版社，2009，第 499 页。
③ 《马克思恩格斯文集》第 1 卷，人民出版社，2009，第 277 页。
④ 《马克思恩格斯文集》第 1 卷，人民出版社，2009，第 277 页。
⑤ 《马克思恩格斯文集》第 1 卷，人民出版社，2009，第 283 页。

界的一切感性、现实性、个性，在黑格尔看来都必然是界限"①，对黑格尔来说这些界限不是现实活动加以改变的对象，而是思维得以否定的对象，同样，现实的发展过程，也不是人的现实生产活动，而是绝对主体扬弃感性界限于自身之内的思辨活动。马克思将黑格尔的这一认识方法，称为"黑格尔的戏法"。在这一过程中，黑格尔实际上将认识主体思辨化，它表现为这样一个思维过程，即"在个性这个概念的'概念'中，包含着'对自己加以限制'。而个性'由于自己的普遍本质'，接着就立即加上了包含在它的概念的'概念'中的这个限制，而且在个性重新把这个限制消灭以后，才知道'正是这个本质'才是'个性的内在的自我区别的结果'。因此，这种奥妙的同语反复的全部伟大结果也就是在思维中的人的自我区别这种久已驰名的黑格尔的戏法"②。可见，黑格尔虽然通过否定性的对象化活动，使认识的能动的方面得以发展，进而批判旧形而上学，但是，将主体性与事物的现实生产过程再一次割裂开，亦即将现实的主体思辨化。马克思指出，"黑格尔的过错在于双重的不彻底性：首先，他宣布哲学是绝对精神的定在，同时却不宣布现实的哲学家个人就是绝对精神；其次，他只是在表面上让绝对精神作为绝对精神去创造历史。因为绝对精神只是事后才通过哲学家意识到自身是具有创造力的世界精神，所以，它制造历史的行动也只是发生在哲学家的意识中、见解中、观念中，只是发生在思辨的想象中"③。因此，黑格尔的绝对"我思"，作为概念体系，虽然扬弃了"僵死的共相"，却恢复了"能动的共相"。可见黑格尔认识论的根本缺陷是，"不知道现实的、感性的活动本身的"④，因而没有找到认识的真理性得以实现的现实基础，最终造成认识活动与人的感性活动的思辨统一，而不是现实的统一。

---

① 《马克思恩格斯文集》第 1 卷，人民出版社，2009，第 358 页。
② 《马克思恩格斯全集》第 3 卷，人民出版社，1960，第 94 页。
③ 《马克思恩格斯文集》第 1 卷，人民出版社，2009，第 292 页。
④ 《马克思恩格斯文集》第 1 卷，人民出版社，2009，第 503 页。

黑格尔积极发展了能动性的原则，将历史理解为事物的运动过程，扬弃了在以往哲学中客观性规定与思维活动、认识与认识对象的抽象对立。其深刻性在于指出认识的真理性在于将事物的本质不断呈现为现实存在的能动主体的活动过程，指出仅仅停留于表象抑或经验联系中的认识活动，与其说还未进入真理性层面，毋宁说是停留在真理性的对立面。然而在认识的真理性层面，黑格尔抽象理解了思维的能动性。事实上，关于认识的真理性，即"人的思维是否具有客观的［gegenständliche］真理性，这不是一个理论的问题，而是一个实践的问题"①。立足于真理性的认识活动，不应当再次回到思维的自我设定和思辨的批判活动中，而是在实践中将真理性发展为现实性。如果不能从人们的实际生活过程出发，从实践出发，则不能理解认识的现实性所在。只有在现实性的前提下，才能既扬弃关于客观性的讨论对于认识活动的外在规定性，也扬弃思辨真理观中对于认识能动性的抽象发展。因此，之所以产生思维与客观性、真理性的对立，不在于主动性与受动性、有限性与无限性在思维中的关系问题，而是根源于认识活动与实践活动的分离，进而产生的现实性与非现实性的矛盾。

历史认识只有通过实践活动才能实现思维的现实性。"意识在任何时候都只能是被意识到了的存在，而人们的存在就是他们的实际生活过程"②，这里包含认识与实践的两层关系。

一方面，认识的现实性就在于人的认识只能在实践中形成和发展，认识活动本身构成实践的内在环节。在旧唯物主义中，感性现实被抽象为直观对象，而在唯心主义中，能动性发展为纯粹的思维活动，二者都割裂了认识与实践的内在统一性。因此，在唯物主义方面，产生出脱离社会本身的社会理论，"这种学说必然会把社会分成两部分，其中一部分凌驾于社会之上"③；在唯心主义方面，则经

① 《马克思恩格斯文集》第 1 卷，人民出版社，2009，第 500 页。
② 《马克思恩格斯全集》第 3 卷，人民出版社，1960，第 29 页。
③ 《马克思恩格斯文集》第 1 卷，人民出版社，2009，第 500 页。

由古代观念论、近代经院哲学体系与德国批判哲学，产生出绝对的思维概念体系。事实上，认识只能随着实践的发展而发展，在这一意义上来说，认识是实践发展的产物，而不是哲学家所化身的抽象"我思"抑或绝对人格，认识本身的发展亦不是哲学家所设想的概念运动，而是决定于人的社会化的发展程度，亦即作为人通过感性活动生产自身的全部历史的结果才成为可能。因此，只有在实践活动中，才能真正实现"剧作者"与"剧中人"的统一。

另一方面，历史认识的现实性在于通过实践活动不断扬弃主观与客观的界限。认识活动包含两个层面的矛盾运动：第一，认识是对人的实际生活的意识，以人们的实际生活过程本身的矛盾运动为内容；第二，认识作为与实在性相对的"理想性"，与现存认识对象相矛盾。关于第一点，认识活动本身具有相对独立性，思辨哲学则将其发展为纯思的抽象主体性，发展为超验的逻辑体系。认识活动的自我否定性，即矛盾性，只不过是人的现实生产活动所具有的矛盾运动本身的反映，即实践中每一旧矛盾的否定必然通过内在产生出新的矛盾运动来实现，认识活动就在于揭示现实生产过程的内在矛盾运动，因此"对现实的描述会使独立的哲学失去生存环境"①。关于第二点，认识所包含的"理想性"问题，黑格尔曾经指出，"理想性并不是在实在性之外或在实在性之旁的某种东西"②。那么理想性本身，既非源于先天的主观形式，亦非绝对化的逻辑体系，而是由认识活动进入实践活动的内在可能性，亦即"人应该在实践中证明自己思维的真理性，即自己思维的现实性和力量，自己思维的此岸性。关于离开实践的思维的现实性或非现实性的争论，是一个纯粹经院哲学的问题"③。因此，所谓思维的理想性，正如马克思在阐明如何理解共产主义时所指出的那样，"共产主义对我们来说不是应当确立的状况，不是现实应当与之相适应的理想。我们所称为共产

---

①　《马克思恩格斯全集》第 3 卷，人民出版社，1960，第 31 页。

②　〔德〕黑格尔：《小逻辑》，贺麟、王玖兴译，商务印书馆，1962，第 212 页。

③　《马克思恩格斯文集》第 1 卷，人民出版社，2009，第 504 页。

主义的是那种消灭现存状况的现实的运动"①，认识活动只有通过实践活动才能不断扬弃主观性与客观性的界限，使得潜在的理想性成为现实性。

进而，在认识的现实性层面，就可以看到现实的真理性并非停留于所谓本质与感性经验之间的理论联系中，而是进展于实践活动中。在历史发展进程中，哲学家们往往从理性原则出发，建构起种种解决经验问题的恢宏的理想大厦，并妄图将大厦中的内容直接植入现实生活。但是现实历史发展过程，不是外在理性建构的结果，而是自身发展的必然。认识的目的不在于追求理论体系内部的自洽性，而在于同时地将客观的真理性提升为实践的现实性，从而将认识活动的出发点由思辨活动移入实践环节。因此马克思的历史学说并不是自然科学或知性思维所理解的"预测学"或"决定论"，知性的联系总是为历史制造混乱与无穷的形而上学体系，如波普尔所看到的"社会预测具有一定的困难性，被预测事件与预测事件之间存在着复杂而又特殊的关系"②，而这种"复杂而特殊的关系"是无法通过知性思维剥离出来的。

关于认识的封闭性与非封闭性、意识的内在性与主体性的争论，只能在现实性层面才能得到解决，即认识不再是独立于实践之外的反思活动，而是实践本身的能动环节。这种考察本身将使得人的感性活动被揭示为自然的历史过程，由此真理将不再囿于"理性体系"之中，才得以成为"行动的指南"。从这个意义上说，"马克思的哲学与其说是对黑格尔哲学的头足倒置，不如说是把传统的思与行、沉思与劳动、哲学与政治的等级关系彻底颠倒过来了"③。马克思在历史认识的现实性层面，扬弃了黑格尔在历史认识的方法论中对认识活动与实践活动的割裂，使认识活动回归于实践活动。从而认识

---

① 《马克思恩格斯文集》第 1 卷，人民出版社，2009，第 539 页。

② 〔英〕卡尔·波普尔：《历史决定论的贫困》，杜汝楫、邱仁宗译，上海人民出版社，2009，第 10 页。

③ 〔德〕阿伦特：《过去与未来之间》，王寅丽、张立立译，译林出版社，2011，第 14 页。

的客观的真理性问题，只有在实践中才能跳脱纯粹理性的超验哲学的反思，实现认识过程与实践过程的具体的历史的统一。

三　社会历史本质的发现

马克思恩格斯的科学的历史认识论与对社会历史本质的发现是内在统一的。发现社会历史本质的过程，同时是科学认识论的形成过程，而科学认识论也不断指导与引领着对社会历史本质的深入探索。离开科学的理论本身就没有科学的方法可言，如黑格尔所言，"方法并不是外在的形式，而是内容的灵魂和概念"①，因此，只有在社会历史本质层面才能揭示马克思恩格斯对黑格尔历史研究方法论的根本超越。

马克思恩格斯曾多次将历史理论称为"历史科学"，如在提到人与自然的统一时提出，"历史本身是自然史的一个现实部分……自然科学往后将包括关于人的科学，正像关于人的科学包括自然科学一样：这将是一门科学"②。在批判思辨哲学时，指出与思辨活动相对的是"真正的实证科学"，"在思辨终止的地方，在现实生活面前，正是描述人们实践活动和实际发展过程的真正的实证科学开始的地方"③。显然，马克思恩格斯并不是在自然科学的意义上使用"科学"一词，而是扬弃了黑格尔哲学中的"科学"原则，进而阐明社会历史的现实本质的历史科学。

马克思恩格斯继承了黑格尔的科学原则中积极的内涵。马克思恩格斯的历史观并非局限于对单独的民族国家的考察，也并非立足某一特定国家来审视世界历史，而是从广阔的整体视野出发，更加强调世界的整体性，强调"各民族、国家进入全面相互影响、相互渗透、相互制约，使整个世界'一体化'以来的历史"④，这一点在

---

① 〔德〕黑格尔：《小逻辑》，贺麟、王玖兴译，商务印书馆，1962，第429页。
② 《马克思恩格斯文集》第1卷，人民出版社，2009，第194页。
③ 《马克思恩格斯文集》第1卷，人民出版社，2009，第526页。
④ 杨耕：《"危机"中的重建》，中国人民大学出版社，1995，第295页。

黑格尔逻辑学中已经具有了完整的抽象形式。黑格尔认为科学的原则就是哲学的真正原则，科学是揭示真理的思想体系，"知识只有作为科学或体系才是现实的，才可以被陈述出来"①，因此只有作为科学体系，哲学才能把握和揭示真理。首先，科学是阐明事物的内在必然性的体系。黑格尔指出真理的内在本性就在于"自我形成"，事物的本质不是外在强加于其上的抽象规律，而是对事物内部矛盾的阐明。在这一意义上，科学与神秘主义相对立，在关于事物的科学说明中，事物的内在根据及其所致的结果在相互联系的必然性中得到完全的说明，因此事物的自我阐明构成科学的内容。马克思恩格斯也将历史视为具有客观规律的，应当从历史本身出发说明自身的自我阐明的科学。在这一意义上，马克思恩格斯更加彻底地完成了作为科学的历史理论。其次，科学是不断发展的体系，而不是教条。科学体系是一个从低级到高级的运动过程，不同阶段构成全体真理的内在环节。知性只能揭示真理的一个片面和暂时的阶段，而科学认识是对知性认识的扬弃，包含知性认识的合理性成分于自身之中，并不断扬弃知性认识中的有限的认知边界，从而阐明事物发展变化的全貌。因此科学是一个不断发展的过程，是"将诸差别加以准确规定并安排出其间固定关系的那个形式的发展形成过程"②。因此黑格尔批评教条主义，企图在命题亦即某一规定之中理解事物，"以为真理存在于表示某种确定结果的或可以直接予以认识的一个命题里……这样的所谓的真理，其性质与哲学真理的性质不同"③，停留在这样的知性规定之中，则是停留在事物的表象中，而不能达到对事物的全面的认识。因此黑格尔将科学认识理解为无限发展的过程，

---

① 〔德〕黑格尔：《精神现象学》上卷，贺麟、王玖兴译，商务印书馆，1962，第16页。
② 〔德〕黑格尔：《精神现象学》上卷，贺麟、王玖兴译，商务印书馆，1962，第9页。
③ 〔德〕黑格尔：《精神现象学》上卷，贺麟、王玖兴译，商务印书馆，1962，第29页。

"彻底否定了关于人的思维和行动的一切结果具有最终性质的看法"①。最后，科学是通过矛盾运动使事物的本质得以实现的体系。科学的就是现实的，在黑格尔那里，合理性内在地包含现实性。因此，黑格尔将真理不仅理解为实体，而且理解为主体，也就是表明合理性要通过事物内在本质外化为外在的现实来说明。黑格尔认为事物的发展是不断地扬弃表象从而实现本质的过程，而应该从主体性、能动性之中理解为事物发展的过程。关于事物发展的科学性就在于揭示出事物自在自为的内在动力，使得事物的表象由事物的本质中找到根据，从而阐明现象上升到现实的运动过程。因此黑格尔的方法包含革命的批判的积极意义，正如恩格斯所言，"凡在人类历史领域中是现实的，随着时间的推移，都会成为不合理性的，就是说，注定是不合理性的，一开始就包含着不合理性；凡在人们头脑中是合乎理性的，都注定要成为现实的，不管它同现存的、表面的现实多么矛盾"②。

可见马克思恩格斯的历史科学观与黑格尔的哲学科学观有着诸多相通之处，但是马克思恩格斯所说的历史之为"科学"，又与黑格尔有着本质区别。黑格尔由于停留在资产阶级的视野中，将资本主义国家社会视为历史的最终目的，因而黑格尔将社会历史发展的内在必然性与客观性最终归结为自为运动着的精神体系。从这一精神体系出发，黑格尔的历史考察方法为"概念考察法"，即通过自为的概念体系来统治和引领现实的历史过程。与此不同，马克思恩格斯以现实的科学原则，揭示出社会历史的本质，在这个意义上，"黑格尔和马克思是在现实本身上分道扬镳的"③。马克思恩格斯发展了更加彻底的科学原则，将黑格尔在精神哲学体系中所蕴含的合理性，完成于揭示现实本质的历史唯物主义理论中。

首先，社会历史的客观必然性是由物质生产及其所产生的社会

---

① 《马克思恩格斯文集》第 4 卷，人民出版社，2009，第 269 页。
② 《马克思恩格斯文集》第 4 卷，人民出版社，2009，第 269 页。
③ 〔匈〕卢卡奇：《历史与阶级意识》，商务印书馆，2009，第 69 页。

关系运动所决定的。黑格尔虽然承认历史具有内在的客观规律，但是没有正确地指出历史的客观性之所在。客观规律不以人们的意识与意志为转移，也并不以某种单纯逻辑自洽的结论为依据。黑格尔只是抽象出社会运动的表象，而没有揭示这种表象得以发展变化的内在根据，因此黑格尔哲学只是社会现实在意识中的反映。面对资本主义生产的现实，黑格尔是立足于资产阶级立场的，而马克思恩格斯则立足资本主义的批判立场，真正实现了对资本主义社会的反思，从而跳出了纯思维领域中的概念对话。马克思恩格斯区别了这两种考察方法，"不是意识决定生活，而是生活决定意识。前一种考察方法从意识出发，把意识看做是有生命的个人。后一种符合现实生活的考察方法则从现实的、有生命的个人本身出发，把意识仅仅看做是他们的意识"①。从"有生命的个人出发"就是从这些个人的自我生产出发，从人的物质生活的生产与再生产出发。因此，马克思恩格斯发现了社会历史的本质就在于人们的物质生活本身构成一切历史的基础，这决定了科学的历史认识是从人们的物质生活出发说明社会生活的全体。因此，历史唯物主义作为对历史内在必然性的彻底的阐明，其客观性就在于科学的历史认识不以人的意志为转移，相反，客观的历史运动决定着人们的意志与意识。由此，马克思恩格斯阐明了唯物史观与唯心史观的根本区别，唯物史观"和唯心主义历史观不同，它不是在每个时代中寻找某种范畴，而是始终站在现实历史的基础上，不是从观念出发来解释实践，而是从物质实践出发来解释各种观念形态"②。

其次，历史运动的根本动力在于社会经济的发展。黑格尔认为国家是历史矛盾的最终解决，认为资本主义国家是"行走在大地上的绝对精神"，并以国家制度为自由的实现的衡量标准来划分世界历史的不同阶段。黑格尔没有看到国家与法等上层建筑决定于经济基础的矛盾运动，国家并不是历史发展的根本动因。相反，一个民族

---

① 《马克思恩格斯文集》第 1 卷，人民出版社，2009，第 525 页。
② 《马克思恩格斯文集》第 1 卷，人民出版社，2009，第 544 页。

或地区采取何种国家形式，不是由自由意识根据内在逻辑外化的结果，而是由这一共同体的经济发展水平和经济形式所决定的，"国家只是前进的堑壕，在它后面有工事和地堡坚固的链条"①。黑格尔只看到了社会政治形式的演变，而没有发现社会经济形态的演变构成历史运动的终极动因。因此，科学的历史认识从社会经济形态出发，阐明经济基础与上层建筑的矛盾运动，由此说明社会政治制度与法律制度等不断演进的根本原因，"它以人类任何共同生活中的基本事实即生活资料的谋得方式为出发点，把这种生活资料谋得方式和在它影响下形成的人与人间的关系联系起来，并指出这些关系（按马克思的术语是'生产关系'）的体系是社会的基础，政治法律形式和某些社会思潮则是这个基础的外表"②。

最后，社会历史是实现全人类解放的过程。黑格尔将普遍的人类自由视为历史发展的最终阶段，但是黑格尔所认识的人不是现实的人，而是处在市民社会的交换关系中的个人，黑格尔只看到了交换领域的平等，进而承认在资本主义代议制国家中的政治自由，而始终没有看到现实的人并非从事交换的人，而是从事生产的人。因此人的真正的自由在于从物质生产的"必然王国"中的解放。人们的生产关系决定了个人隶属于阶级这一历史的现实规定，个人的生产生活及其意识直接受到整个阶级条件的支配，而这种被支配的关系只有消灭阶级对抗才得以可能。因此阶级彼此之间的斗争构成历史发展的直接动力，在阶级对抗中，形成了消灭一切阶级实现人类解放的物质与思想条件。黑格尔看到历史是由人的活动构成的发展过程，并指出个人受到普遍规律的支配，但是黑格尔没有指出这种支配个人活动以及决定个人活动的动机的规律是什么，因而思辨地理解了个人与历史之间的关系，将之归结为绝对精神的支配作用。在绝对精神如何支配个人，如何成为决定个人活动的绝对主体的问题中，黑格尔不可避免地陷入神秘主义。与此相反，马克思恩格斯

---

① 〔意〕葛兰西：《狱中札记》，葆煦译，人民出版社，1983，第180页。
② 《列宁全集》第1卷，人民出版社，2013，第372页。

不仅看到人的活动受到客观规律抑或客观环境的支配，并确切地指出这一客观的规律与客观的环境的现实内容，"这些极为多样的似乎不能加以任何系统化的活动，已被概括起来，并归结为各个在生产关系体系中所起的作用上、在生产条件上、因而在生活环境的条件上以及在这种环境所决定的利益上彼此不同的个人集团的活动"①，即个人的活动通过阶级的活动形成系统性的历史力量。

可见，马克思恩格斯的科学的历史认识论就在于以人们物质生产领域所形成的生产力与生产关系的矛盾运动确立了历史规律的客观性，并从社会经济形态出发阐明历史发展的根本动因，从阶级属性出发阐明个人的活动与整体的社会历史运动的关系。伴随着社会历史本质的发现，马克思恩格斯彻底地超越了黑格尔的思辨的历史认识论，从资本主义社会的典型形式出发，阐明历史运动发展的本质，从而使得历史成为实现全人类的解放的科学。

第二节　从抽象上升到具体的方法

黑格尔的体系与方法之间的矛盾是资产阶级政治理想与资本主义的实际发展之间的矛盾的直接反映。在体系方面，体现了黑格尔力图依靠普鲁士政权建立资本主义国家来实现资产阶级自由民主理想的根本要求。而在方法方面，黑格尔哲学体现出资本主义发展的内部矛盾性质，在历史性的宏观视角中，在很大程度上反映着资本主义社会相对于前资本主义社会的典型性质。因此，黑格尔在方法方面取得的卓越成就根源于他对正处于资本主义上升期的社会发展与历史运动规律的深刻认识，而其在体系方面的保守性则同样体现着这一历史阶段的特性对冲破旧的封建束缚的巨大社会力量，同时又体现了资本主义生产所决定的将历史终结于政治国家的自身局限性，因此"革命的方面就被过分茂密的保守的方面所窒息。在哲学

---

① 《列宁全集》第 1 卷，人民出版社，2013，第 373 页。

的认识上是这样，在历史的实践上也是这样"①。虽然黑格尔的体系是保守的，很大程度上制约了黑格尔的方法的批判性，而正如恩格斯所言，黑格尔的体系"仅仅是他的建筑物的骨架和脚手架；人们只要不是无谓地停留在它们面前，而是深入到大厦里面去，那就会发现无数的珍宝，这些珍宝就是在今天也还保持着充分的价值"②。

一　"两条道路"的联系

在《1957—1958 年经济学手稿》的导言中，马克思谈到了政治经济学的两种方法，称之为"两条道路"。第一条道路，是"完整的表象蒸发为抽象的规定"；第二条道路，为"抽象的规定在思维形成中导致具体的再现"，也即"从抽象上升到具体"的道路。对比之下，马克思称第二条道路为"科学上正确的方法"，那么从这两条道路的关系来阐明马克思所认为的正确方法的科学性就尤为重要。

马克思并没有否定"第一条道路"的重要性。从感性经验出发，抽象出一定的概念、范畴，将现实运动描绘出来，正是从前经济学家们所使用的方法，其合理性就在于这些抽象的理论体系是对社会运动的直接反映，马克思指出"17 世纪的经济学家总是从生动的整体，从人口、民族、国家、若干国家等等开始；但是他们最后总是从分析中找出一些有决定意义的抽象的一般的关系，如分工、货币、价值等等。这些个别要素一旦多少确定下来和抽象出来，从劳动、分工、需要、交换价值等等这些简单的东西上升到国家、国际交换和世界市场的各种经济学体系就开始出现了"③。"第一条道路"正是以往经济学体系的构建方法，即从感性表象到抽象理论体系，在这种理论体系中描绘出社会运动的一定形式。马克思对这一方法的

---

① 《马克思恩格斯文集》第 4 卷，人民出版社，2009，第 271 页。
② 《马克思恩格斯文集》第 4 卷，人民出版社，2009，第 272 页。
③ 《马克思恩格斯文集》第 8 卷，人民出版社，2009，第 24 页。

不满在于，在这种理论体系中，只是对社会运动的表象进行理论概括，而没有触及这些社会表象的历史成因，没有深入这一表象得以产生、变化和发展的内在规律。

在古典政治经济学中，劳动被作为基础性概念提出，"劳动一般"是对人类一切劳动形式的总括。马克思指出，古典政治经济学家没有看到，这一"劳动"概念是一个"现代的范畴"，而不是一个可以应用于涵盖一切人类活动的一般抽象，"劳动似乎是一个十分简单的范畴。它在这种一般性上——作为劳动一般——的表象也是古老的"①，如果不能将劳动作为现代的范畴揭示出来，那么对劳动的抽象就是停留在"表象"中。如在货币主义中，财富被视为外在于人的物，在重商主义与重工主义中，劳动从劳动对象转移到主体活动，但是此时人的活动仅仅被理解为获取货币的活动；在重农主义中，将劳动对象从货币的物的形式中剥离出来，作为产品一般的概念，但是此时的劳动产品仅仅局限于农业产品，还与它的自然形式结合在一起。上述经济学流派的发展，体现出劳动不断抽象化的过程，包括劳动主体化于劳动对象的内容与形式的分离的过程。在亚当·斯密的古典政治经济学中，进一步抽象出"劳动一般"概念，使得劳动以主体活动为规定，而摆脱了具体形式的束缚。但是斯密的这一抽象只是达到了对资本主义生产中一切活动的表象的总括，而没有把劳动与资本主义社会的根本性质联系起来。建立在这种"劳动一般"基础上的经济学说与其说是反映了资本主义经济的规律，毋宁说是掩盖了资本主义经济的实质。

这样看来，古典经济学实质上掩盖了资本主义的内部矛盾，而停留于对资本主义经济的状况的表述，而问题则在于深入表象而进入事物的本质中，正如黑格尔所批判的那样，这种抽象的理论体系仅仅道出事物的"存有"，"有之为有并非固定之物，也非至极之物，而是有辩证法性质，要过渡到它的对方去的"②，而"哲学除了

---

① 《马克思恩格斯选集》第2卷，人民出版社，2012，第703页。
② 〔德〕黑格尔：《小逻辑》，贺麟译，商务印书馆，1980，第192页。

把表象转变成思想——当然，更进一步还要把单纯抽象的思想转变成概念——之外，没有别的工作"①，真正的思维是要揭示事物表象得以形成的内在动力体系。

因此，以"劳动一般"统摄的经济学说既不能揭示现代资本主义社会的本质规律，又不能对整个人类历史的社会形态的演进进行科学的阐明。将"劳动一般"推广于历史上任意的时代，实际上是以资本主义社会形态为校准，歪曲了其他社会形态的历史本质。这种方法就是对概念或范畴的形式套用，因而形成对事物发展规律的抽象化。马克思指出，"用这种方法是得不到内容特别丰富的规定的。如果一位矿物学家的全部学问仅限于说一切矿物实际上都是矿物，那么，这位矿物学家不过是他自己想象中的矿物学家而已。这位思辨的矿物学家看到任何一种矿物都说，这是'矿物'，而他的学问就是有多少种现实的矿物就重复多少遍'矿物'这个词"②，可见代替对历史的科学说明的只能是形式上的观念的体系。从这个意义上，可以看出，黑格尔是哲学化的国民经济学，在抓住"劳动一般"的核心概念之后，黑格尔哲学则停留在对市民社会的思辨矛盾的理解中，并以市民社会为历史终点对人类历史进行思辨反思，这样历史动因就被归结为精神运动。

对此马克思指出，"黑格尔陷入幻觉，把实在理解为自我综合、自我深化和自我运动的思维的结果，其实，从抽象上升到具体的方法，只是思维用来掌握具体、把它当做一个精神上的具体再现出来的方式，但决不是具体本身的产生过程"③。这说明了马克思与黑格尔的辩证法的根本区别。黑格尔强调，通过辩证法所形成的概念体系，是包含具体于自身之内的普遍性体系，因此也可以说，黑格尔通过辩证法完成了"掌握具体、把它当做一个精神上的具体再现出

---

① 〔德〕黑格尔：《小逻辑》，贺麟译，商务印书馆，1980，第70页。
② 《马克思恩格斯文集》第1卷，人民出版社，2009，第277页。
③ 《马克思恩格斯文集》第8卷，人民出版社，2009，第25页。

来的方式"①。但是黑格尔的不足在于停留在这种"再现"之中，并把这种"再现"当作"具体本身的产生过程"。而范畴只是用来说明现实本身产生过程的手段，因此对范畴的考察是要到人们的现实的历史生产的诸形式中去寻找校准，而不是在逻辑中确定某一范畴在体系中的位置，"经济范畴只不过是生产的社会关系的理论表现，即其抽象"②。以现实历史为范畴体系的出发点，而不是相反，因此与黑格尔思辨的辩证法不同，只有马克思的辩证法"才能深刻地深入资产阶级生产方式的规律，把它理解为一个完整的有机整体，并阐明资产阶级生产方式势必为社会主义生产方式所代替的那个历史倾向"③。

二 范畴体系是现实发展过程的思维再现

范畴体系与现实发展之间的颠倒关系是导致以往经济学家远离社会历史本质的首要的问题。黑格尔以哲学体系的形式将资产阶级社会描述为历史最后的终结，实际上是承认了国民经济学对市民社会所做的分析，因此黑格尔走向了他的方法的反面，将包含着不可调和的内部矛盾的资产阶级社会理解为一切矛盾运动都消亡了的终极社会。对于黑格尔哲学的形而上学原则的批判还要从市民社会内部矛盾的考察方法出发，即对资产阶级的历史考察方法进行批判。其中蒲鲁东哲学作为混杂着抽象的黑格尔辩证法的不合理形式的"新社会学"，抑或"新哲学"，使黑格尔辩证法的合理成分得到了极度的歪曲，又同时地继承了黑格尔哲学体系的消极方面，因此马克思对此所做的方法论上的批判对阐明唯物史观的方法论原则具有典型意义。在马克思的批判中，经济范畴与社会历史现实之间的关系得到全面的说明。

首先，从根本上来看，经济范畴只是社会关系在理论中的反映，

① 《马克思恩格斯选集》第2卷，人民出版社，2012，第701页。
② 《马克思恩格斯文集》第1卷，人民出版社，2009，第602页。
③ 〔苏〕罗森塔尔主编《马克思主义辩证法史》，人民出版社，1982，第184页。

而不是社会生产本身。在对政治经济学的形而上学的方法所做的
"第一个说明"和"第三个说明"中,马克思指出经济学家只是从
范畴体系中去寻找现实历史发展的规律,那么就只能把范畴看作先
验的、自在自为的理性体系,那么现实生产就不是通过现实的历史
运动来说明,而是通过经济学家和哲学家们的头脑生产出来的。所
以这正是一条与唯物辩证法相反的道路,在这种抽象的道路中,事
物被抽象为独立的范畴,范畴又构成关于事物的抽象的逻辑体系,
从而最后完全脱离了现实事物,因此这样的抽象不是在深入事物,
而是在远离事物。因此马克思指出,"经济学家们向我们解释了生产
怎样在上述关系下进行,但是没有说明这些关系是怎样产生的,也
就是说,没有说明产生这些关系的历史运动"①。

其次,经济范畴是生产关系的理论表现。马克思在"第二个说
明"、"第五个说明"与"第六个说明"中阐明了这一点。尽管经济
学家从经济社会抽象出一定的经济范畴,但是没有追问这些经济范
畴是从哪里产生的。换言之,经济范畴之所以构成不同的理论体系,
正是由人们生产力的改变、人们的谋生方式的改变所推动的,而绝
不是像哲学家想象的那样是由人类的抽象思维推动的。所以,"手推
磨产生的是封建主的社会,蒸汽磨产生的是工业资本家的社会"②。
而以往的历史往往被解释为由反映在理论体系中的原理所产生的,
抑或神秘目的所驱动的。这一方面是由于人们没有思考原理与其所
产生历史之间的具体关系,没有追问某一种主义为何与特定的历史
相联系;另一方面则是后一历史时期所消灭了的前一历史时期的生
产关系,则被理解为前一历史时期的最终使命的实现,理解为某种
社会理想的必然发展。

再次,经济学家们不仅没有达到辩证法的水平,而且落后于现
实发展的水平。在"第四个说明"中,马克思指出蒲鲁东将辩证法
用于经济学领域的结果,就是将每一事物分为"好的方面"与"坏

①《马克思恩格斯文集》第 1 卷,人民出版社,2009,第 598 页。
②《马克思恩格斯文集》第 1 卷,人民出版社,2009,第 602 页。

的方面",社会发展的原理就在于消灭"坏的方面",保存"好的方面"。而在黑格尔包含着辩证法思想的整个哲学中,"黑格尔就不需要提出问题。他只有辩证法"①,尽管形式是唯心的,但是辩证法始终是关于事物内部运动的辩证法,而不是以主观的道德原则代替事物自身的矛盾,因此蒲鲁东只能不断地在政治经济学与共产主义之间摇摆不定。

最后,马克思在"第七个说明"中阐明了被范畴体系所掩盖的资本主义发展的现实的历史。资产阶级经济学家把资本主义生产方式视为天然的,从而将服务于财富积累的范畴体系确立为自然的合乎理性的理论体系。由此将资本主义社会的规律宣称为超越时间与自然规律的规律,这样就能在一切与社会发展的本质规律与自然规律相矛盾时,从资产阶级的利益出发,对客观规律本身进行歪曲和掩盖。资产阶级经济学家企图掩饰或者神秘化的重要历史阶段,就是资本主义的产生历史。资本主义正是从封建主义的内部矛盾中产生,在机械地将现存事物划分为"好的方面"与"坏的方面"的"辩证法家"眼中,正是代表着"坏的方面"的社会因素成为资产阶级社会得以消灭封建制度的现实条件。因此资产阶级社会制度的形成不过是资本主义生产力的发展以及由此资产阶级掌握了先进的生产力从而消灭旧的封建制度的历史过程。因此对封建社会考察,就不能依据"好"与"坏"的抽象对立,而是将封建制度从其内部对抗形式中去发现自身矛盾运动的本质和发展趋势,因此,作为客观的范畴体系所研究的在于生产力与生产关系的矛盾运动,揭示生产关系是如何伴随生产力的发展而改变其旧日形式。资产阶级从封建社会的旧制度中建立起符合资本主义生产力水平的社会组织形式,这里并不包含任何神秘的外在的起源或目的,而正是说明"生产方式,生产力在其中发展的那些关系,并不是永恒的规律,而是同人们及其生产力的一定发展相适应的东西,人们生产力的一切变化必

---

① 《马克思恩格斯文集》第1卷,人民出版社,2009,第605页。

然引起他们的生产关系的变化"①。

三　"具体总体"是对事物本质的揭示

在《〈政治经济学批判〉导言》的方法论阐述中，马克思提出了简单范畴与具体范畴的关系问题，实际上通过这一问题的阐明，揭示了范畴体系与历史发展的现实过程之间的辩证关系。

在黑格尔的逻辑学中，逻辑演进的终点是"概念的具体"，抑或"具体的概念"。存在上升到概念的发展历程，即简单的范畴上升为具体的范畴。在具体范畴中，包含一切简单范畴及其辩证扬弃自身所形成的范畴体系，因此具体范畴是最后的范畴，也是最丰富、最完善的范畴，因此也是逻辑体系的终点。与此相对应，资本主义国家是人类历史发展的最高级、最丰富与完善的阶段。这样黑格尔实现了历史与逻辑的统一。马克思一方面肯定黑格尔，尽管有着神秘的形式，但是"这决没有妨碍他第一个全面地有意识地叙述了辩证法的一般运动形式"②，同时也指出"我的辩证方法，从根本上来说，不仅和黑格尔的辩证方法不同，而且和它截然相反。在黑格尔看来，思维过程，即甚至被他在观念这一名称下转化为独立主体的思维过程，是现实事物的创造主，而现实事物只是思维过程的外部表现"③，因此，黑格尔在考察历史进程时就无法超越资产阶级立场，从而以非批判的实证主义考察历史，而不能切进历史的现实，可以说反映为最终绝对理念的资产阶级社会是一种"抽象的共同体"，因而不是"现实的具体"，而是"伪具体"④。

在论述简单范畴与具体范畴的辩证关系时，表明马克思的辩证法与唯物主义基础是统一的，不是历史与逻辑统一，而是逻辑与历史相统一。马克思将问题聚焦于简单范畴在比较具体的范畴以前是

---

① 《马克思恩格斯文集》第 1 卷，人民出版社，2009，第 613 页。
② 《马克思恩格斯文集》第 5 卷，人民出版社，2009，第 22 页。
③ 《马克思恩格斯文集》第 5 卷，人民出版社，2009，第 22 页。
④ 〔捷〕科西克：《具体的辩证法》，傅小平译，社会科学文献出版社，1989，第 2 页。

否存在着独立的抑或自然发生的历史，其实这一问题已经出现在马克思批判过的蒲鲁东的经济哲学中。蒲鲁东希望通过普遍的经济关系说明价值，那么价值关系必须依赖分工、竞争等一系列范畴，但是蒲鲁东发现在这些他所需要的并且同时出现于现实社会中的范畴，还没有在一个符合逻辑的序列中出现，于是蒲鲁东陷入矛盾。进而他又去逻辑学中寻找答案，企图首先说明分工、竞争，然后使得价值范畴能够合理地、合逻辑地生产出来。这就使得蒲鲁东陷入双重的困境。一方面，在对现代社会的说明涉及的价值关系依赖于这些关系的逻辑次序；另一方面，这些逻辑次序不仅在逻辑学本身的推演中遇到困难，且在范畴的逻辑次序与历史上的诸形态相遇时，蒲鲁东遇到更大的混乱。因为分工、竞争等范畴在历史上的顺序对于他来说同样是难以合乎逻辑的。因此蒲鲁东的双重困境表明了其根本错误在于从范畴的关系出发，而不是从现实的经济关系出发，"谁用政治经济学的范畴构筑某种意识形态体系的大厦，谁就是把社会体系的各个环节割裂开来，就是把社会的各个环节变成同等数量的依次出现的单个社会"①。在这种形而上学的考察中，经济范畴与现代社会中的经济关系共同陷入混乱。

马克思指出简单范畴在比较具体的范畴出现之前的现实发展，要依靠具体情况而定。第一种情况是简单范畴在比较具体的范畴出现之前已经存在，并且有独立的发展过程。例如在资本、银行出现之前，货币已经出现了。第二种情况是在不成熟的社会形式中，简单范畴也存在过，但是它没有"历尽一切经济关系"②。这就是说虽然简单范畴有可能有过比较发展了的现实形式，但是并不是按照逻辑上从简单到复杂的顺序，从较不成熟的社会发展到成熟的社会形式中。在第一种情况下，简单范畴在不发达的社会形式中具有从属的地位，它伴随着较为发达的经济形式发展起来，这一情况可以说范畴从简单上升到复杂的过程是符合现实历史情况的。但是在第二

---

① 《马克思恩格斯文集》第1卷，人民出版社，2009，第603～604页。
② 《马克思恩格斯文集》第8卷，人民出版社，2009，第27页。

种情况下则不然，例如秘鲁曾经有过非常发达的协作与分工，但是没有相应地产生货币，因此对这一经济形态的阐明中也就没有货币范畴。在这种情况下，依赖范畴从简单向复杂的推演必定失效。

黑格尔以"概念全体"为逻辑学的终点。在黑格尔那里，简单范畴与复杂范畴构成矛盾运动从低级到高级的演进，最简单的范畴即"存有"或"有"，最复杂的范畴则为作为概念的最高级形式的绝对理念。在绝对理念中，"有"从一个最简单的规定发展为一个具有最丰富的规定性的存在，经历了每一个发展环节从而成为具体的普遍的"有"，在这样一个逻辑上升的圆圈运动中，最丰富的理念回归到最简单的范畴，"有"即存在的起点，而绝对理念为"有"的终点。因此整个逻辑发展是关于理念即世界历史之为一个整体的内在矛盾运动。

黑格尔的辩证法揭示了事物由最初的形式发展到成熟形式的辩证运动过程，马克思扬弃了这一辩证形式上的神秘性。在辩证法所揭示的具体事物的矛盾中，与简单范畴相对应的是"具体范畴"，具体范畴就是在现实历史中具有丰富规定性的范畴，与之相应，社会形态则是一个包含简单关系于自身内的"具体总体"。"具体范畴"并不是简单范畴按照纯粹理性原则推演来完成的，而是对现实的社会关系在思想中的再现。

马克思与黑格尔都将劳动视为资本主义社会的最基本范畴，二者不同的是，在黑格尔那里，国民经济学提供了市民社会的基础性前提，在此前提下，黑格尔发展出关于市民社会形成的历史学说与资产阶级国家的政治方案。而马克思则在国民经济学中发现被掩盖的市民社会本质。在马克思看来，国民经济学所承认的劳动，只是反映了表层的社会现状。在现代社会中，劳动不再与具体的劳动对象结合在一起，在这一意义上，劳动是最简单即最抽象的关系的表达。但是，国民经济学家没有看到，劳动之所以能够成为现代社会的基本活动，是因为它与人的真实的生产状况在本质上联系在一起，即人们可以很容易地从一种劳动转移到另一种劳动。从事何种工作对于个人来说是外在的、偶然的状况，这一点被国民经济学忽视了。马克思指出其中最鲜明的例证，就是在资本主义生产关系最发达的美国，劳动作为一个抽象范畴直接地是社会现实的反映。这一例证同时也说明，劳动在它的最发达的社会形式中，与它在以往社会的种种古老的以及封建的形式中具有本质上的区别，而只有在现代社会中，劳动作为一个抽象范畴才具有其现实的完成形式。因此在《1857—1858 年经济学手稿》中，马克思指出，一个抽象的范畴具有现实的意义，就在于"就这个抽象的规定性本身来说，同样是历史条件的产物，而且只有对于这些条件并在这些条件之内才具有充分的适用性"①。因此，生产者能够在任意的劳动之间转移既是劳动价值论的逻辑前提，又是劳动价值论的历史前提。抛开这一前提，劳动不仅不具有现代的意义，而且不具有现实的意义。在古典政治经济学中，劳动的这一现实意义被劳动的抽象形式所遮蔽，因此劳动与资本共同成为财富的来源之一。而马克思则看到，劳动与资本在经济学中并列为整个学说的理论前提，只是一种外在地将二者联系起来的规定性。劳动与资本同时都没有得到具体的、丰富的规定性。相反，资本成为一个神秘的主体，它既有着物的形式，又有着人格的形式，并且自动地产生利润这一价值增殖。在马克思看来，经济学家对于资本与劳动并没有表明二者的内在联系，没有从它们的内在矛盾中去理解。在手稿基础上，马克思立足劳动的现实规定，指出与生产者的自由从事任意一种分工这一规定性相对应的，是生产资料在一部分人手中集中从而作为人格化的资本与劳动本身相对立。在这种情况下，具体的劳动范畴则被解释为抽象劳动与具体劳动的统一。分工对于生产者的偶然性，在其现实规定性中，正是劳动力成为特殊商品，从而由"劳动－工资"这一分配领域的表象，深入雇佣劳动这一生产领域的本质中。

因此，在《资本论》中马克思指出在黑格尔与经济学家那里被

---

① 《马克思恩格斯文集》第 8 卷，人民出版社，2009，第 29 页。

作为全部现代学说的劳动，是一种幽灵式的抽象，是仅仅存在于理论范围内的空洞范畴，"劳动，这只不过是一个抽象，就它本身来说，是根本不存在的……只是指人借以实现人和自然之间的物质变换的人类一般的生产活动，它不仅已经脱掉一切社会形式和性质规定，而且甚至在它的单纯的自然存在上，不以社会为转移，超越一切社会之上，并且作为生命的表现和证实，是尚属非社会的人和已经有某种社会规定的人所共同具有的"①。

第三节　从后思索法

马克思在批判商品拜物教时提出了"从后思索法"，将其表述为"对人类生活形式的思索，从而对这些形式的科学分析，总是采取同实际发展相反的道路。这种思索是从事后开始的，就是说，是从发展过程的完成的结果开始的"②。"从后思索"与"从抽象上升到具体"并不是截然分开的两种方法，二者共同构成了马克思历史认识论的核心。"从后思索法"建立在抽象上升到具体的科学方法基础上，而从抽象到具体的方法也同样蕴含在"从后思索法"的前提和原则中，是对社会历史本质的考察和揭示的方法。

一　以"具体总体"超越"概念总体"

"从后思索法"的逻辑起点是"社会发展过程的完成的结果"，那么对这一"完成的结果"的考察，是从"具体总体"开始的。"具体总体"是马克思历史认识论的核心概念，它批判继承了黑格尔的"概念总体"观。在黑格尔那里，绝对理念是"存有"的完成形式，亦即最高形式，绝对理念是按照严格的辩证逻辑的推演得到的。与之相反，马克思则是从人类历史运动的现实矛盾出发得到社会具体总体及其相应范畴体系的。

---

① 《马克思恩格斯文集》第 7 卷，人民出版社，2009，第 923 页。
② 《马克思恩格斯文集》第 5 卷，人民出版社，2009，第 93 页。

　　"从后思索法"是以社会关系的最发达形态为考察起点的逆向考察。"资产阶级社会是最发达的和最多样性的历史的生产组织"①，在其中各种社会关系发展到了最成熟的形态，亦即社会内部矛盾发展为极端的对抗形式的阶段，因此立足成熟形式考察未成熟的形式，则更能准确揭示出未成熟形式中的内部矛盾与发展趋向。而通过成熟形式对于未成熟形式的考察又有着不同的情况。例如资本主义社会一部分是建立在封建社会关系消亡的基础上，同时一部分是对封建关系内部发展出来的较为发达的关系的进一步发展。但是无论何种情况，考察方法都不是通过未成熟形式向成熟形式的逻辑推演，而是为未成熟形式在其阶段性上的具体表现提供指向性的分析。因此，在阐明历史发展的实际情况时，内在依据为资本主义社会中的成熟形式，这些成熟形式中的范畴之间的相互关系决定了对历史总体发展的逻辑次序。与此相区别，揭示历史发展过程的陈述绝不是按照各种关系或范畴在历史上出现的顺序，或者它们在历史上起决定作用的顺序来展开。例如货币在古代商业民族中已经广泛存在，但这并不意味着货币在古代就已经主导着社会生产，因而构成古代社会的基本经济范畴。经济范畴对历史规律的揭示，决定于该范畴概念群在资产阶级社会中的相互关系，因而马克思此时更加彻底地批判了蒲鲁东的范畴难题，即"问题不在于各种经济关系在不同社会形式的相继更替的序列中在历史上占有什么地位，更不在于它们在'观念上'（蒲鲁东）（在关于历史运动的一个模糊的表象中）的顺序。而在于它们在现代资产阶级社会内部的结构"②。

　　"从后思索"并不意味着把成熟的社会形式中的具体范畴与未成熟形式中的具体范畴等同起来，或者以具体的范畴取代还未获得成熟发展的简单范畴本身的具体历史联系，即历史差别始终构成范畴的实质区别。虽然可以说，资产阶级经济为古代经济提供了"一把钥匙"，但是这并不意味着可以把一切前资本主义社会等同于资本主

　　① 《马克思恩格斯选集》第 2 卷，人民出版社，2012，第 705 页。
　　② 《马克思恩格斯文集》第 8 卷，人民出版社，2009，第 32 页。

义社会的未成熟形式或阶段。而在通常的历史观念中，"所说的历史发展总是建立在这样的基础上的：最后的形式总是把过去的形式看成是向着自己发展的各个阶段"①。这种历史观只看到历史上相近的生产生活形式，而把形式上的相似等同于历史的无差别性，而事实上历史上的各种关系，经常在资本主义关系中以"歪曲的"抑或"漫画形式"出现，而这些形式又与资本主义形成的历史有着具体的联系。例如在农奴制度中与封建制度中、资本主义制度中都存在私有权。只有在封建制度中，私有权才获得一定程度的发展，这表现为劳动者对自身劳动条件的自由私有，农民对自己耕种的土地的自由私有，手工业者对自己劳动工具的自由私有，这里存在一个由分散的形式向普遍的形式发展的阶段。但是并不能将这一形式的私有权等同于资本主义生产方式中的所有权。在小生产中，私有权是以生产与土地以及其他生产资料的分散为前提的，这一点构成小生产与大生产的根本区别。因此小生产是协作与社会化的对抗力量。而在工业化大生产中的私有权则与此相反，是建立在生产资料集中在少数人手中的私有权，以及在这种私有权基础上形成的新的社会分工，二者有着根本区别，"靠自己劳动挣得的私有制，即以各个独立劳动者与其劳动条件相结合为基础的私有制，被资本主义私有制，即以剥削他人的但形式上是自由的劳动为基础的私有制所排挤"②。因此，范畴所表现的生产关系在不同阶段上的表现形式不同，不仅具有内容上相互区别的意义，而且往往意味着质的区别。

"具体总体"是现实整体在思维中的再现。马克思指出，"就是在理论方法上，主体，即社会，也必须始终作为前提浮现在表象面前"③。马克思曾经批判黑格尔将实在理解为自我综合、自我深化的思维的结果，这正是由于在考察社会发展时，社会没有作为现实的主体先于对社会的"思维着的考察"。例如交换价值是对商品经济高

---

① 《马克思恩格斯文集》第 8 卷，人民出版社，2009，第 30 页。
② 《马克思恩格斯文集》第 5 卷，人民出版社，2009，第 873 页。
③ 《马克思恩格斯文集》第 8 卷，人民出版社，2009，第 26 页。

度发达的市民社会中交换领域的高度抽象的范畴，但是交换价值并不是引起社会自觉运动的主体。相反，"作为范畴，交换价值却有一种洪水期前的存在"①，也就是说，交换价值是现实的历史关系的反映，而现实的历史关系有着不以范畴规定为转移的自身发展过程。当现实整体在头脑中综合为一个完整的具体，那么这个具体也是思维用来把握现实整体的产物，而始终不能代替现实整体的现实生产本身。因此马克思将以"具体总体"的把握方式与艺术抑或宗教等的把握方式相区别，"整体，当它在头脑中作为思想整体而出现时，是思维着的头脑的产物，这个头脑用它所专有的方式掌握世界，而这种方式是不同于对于世界的艺术精神的，宗教精神的，实践精神的掌握的"，"实在主体仍然是在头脑之外保持着它的独立性"②。因此，"具体总体"是从现实主体到逻辑范畴，而不是从范畴体系出发推演现实整体。

　　"具体总体"是对现实整体的再现，决定了"具体总体"不是任意的关于社会总体的学说，而是以社会经济形态为出发点。既然"具体总体"是对某社会形态的总体把握，那么是否所有将社会呈现为一个整体及其内部矛盾运动的理论都是对这一社会形态的"具体总体"的反映呢？并非如此，马克思所言"具体总体"，不是从任意一种社会关系出发，抑或从任何一个社会侧面出发来把握的社会整体，其出发点和理论基础是这一社会的经济形态。马克思指出"在一切社会形式中都有一种一定的生产决定其他一切生产的地位和影响，因而它的关系也决定其他一切关系的地位和影响"③，因此只有抓住了根本的生产形式，才抓住了能够使得其他社会关系条分缕析的"普照的光"。从这一根本的生产形式出发，才可以辨别其他范畴体系所解释的社会层面，同时不至于将某一社会侧面当作社会全体，否则从某一社会侧面出发，则会遮蔽着一范畴形式在不同历史

　　① 《马克思恩格斯文集》第 8 卷，人民出版社，2009，第 25 页。
　　② 《马克思恩格斯文集》第 8 卷，人民出版社，2009，第 25 页。
　　③ 《马克思恩格斯文集》第 8 卷，人民出版社，2009，第 31 页。

阶段上的性质，"范畴表现这个一定社会即这个主体的存在形式、存在规定、常常只是个别的侧面；因此，这个一定社会在科学上也决不是在把它当做这样一个社会来谈论的时候才开始存在的"①。因此只有首先把握住这一社会的根本生产形式，才能决定其他范畴在理论体系中的阐明方式。正如土地所有制有其漫长的发展历史，但是不需要了解地租也可以首先理解资本，反而理解资本是理解地租的前提，在资本这一占统治地位的生产形式下，地租因此表明土地所有制从生产对自然条件的依赖转化为由社会、历史因素所决定，此时土地成为一种特殊的生产资料。因此，"具体总体"是以"支配一切的经济权力"为逻辑和现实的起点的。

二　揭示资本主义社会的特质

马克思的"从后思索法"并不是任意从一时间上在后的历史阶段反思之前的历史阶段，"从后思索"只有在人类历史发展到资本主义社会时才得以可能。在立足资本主义生产方式，并且超越这一生产方式的高度上，才使得人类历史发展脉络具有了客观基础。

按照"具体总体"的一般概念，具体总体可以指历史发展不同阶段所形成的不同的社会总体形态。在马克思的语境中，"具体总体"又同时特指资本主义社会，"在研究经济范畴的发展时，正如在研究任何历史科学、社会科学时一样，应当时刻把握住：无论在现实中或在头脑中，主体——这里是现代资产阶级社会——都是既定的"②，因此对资本主义社会历史阶段特质的揭示，构成了"从后思索法"的内在科学性。

第一，资本主义国家是市民社会内在矛盾的结果，而不是社会矛盾的最终解决和历史的终结。在黑格尔那里，国家是市民社会内部矛盾的和解形式。黑格尔并非没有看到现实的矛盾，而是看到财富积累与劳动阶级之间的矛盾关系，"人通过他们的需要而形成的联

---

① 《马克思恩格斯文集》第 8 卷，人民出版社，2009，第 30 页。
② 《马克思恩格斯文集》第 8 卷，人民出版社，2009，第 30 页。

系既然得到了普遍化，以及用以满足需要的手段的准备和提供方法也得到了普遍化。于是一方面财富的积累增长了，因为这两重普遍性可以产生最大利润；另一方面，特殊劳动的细分和局限性，从而束缚于这种劳动的阶级的依赖性和匮乏，也愈益增长。与此相联系的是，这一阶级就没有能力感受和享受更广泛的自由，特别是市民社会的精神利益"①。黑格尔将精神利益的享用视为市民社会发展充分与否的一个标准，而精神利益只有通过国家才能完成。因此黑格尔认为国家是"伦理理念的现实"，国家不等同于政体，而是存在于人们日常生活的习俗、知识、利益等中，国家构成了个人于社会生活本质上的自由。因此，国家作为解决特殊利益矛盾的普遍性共同体，实现了"理性的规律和特殊自由的规律"②之间的和解，个人通过信仰与内在目的性的实现，与国家目的和国家意志相统一。实际上，黑格尔所论证的国家，是建立在阶级对立基础上的资产阶级统治的工具，是社会矛盾的表现形式，而非社会矛盾的解决。

与此相反，政治国家是经济的集中表现，国家也是历史发展的产物，并非永恒的绝对精神的实体。在经济上占统治地位的阶级通过国家控制对立阶级以及阶级斗争本身，恩格斯指出，"现代国家也只是资产阶级社会为了维护资本主义生产方式的一般外部条件使之不受工人和个别资本家的侵犯而建立的组织。现代国家，不管它的形式如何，本质上都是资本主义的机器，资本家的国家，理想的总资本家"③，因此如果不能理解阶级对于社会发展的意义，则会将国家理解为抽象形式上的共同体，而无法透视资本主义国家的实质。

第二，资本主义社会是阶级对抗发展的最高形式。马克思曾谈到"无论是发现现代社会中有阶级存在或发现各阶级间的斗争，都不是我的功劳"④，以往的社会学家、经济学家虽然发现了阶级斗

---

① 〔德〕黑格尔：《法哲学原理》，范扬、张企泰译，商务印书馆，1961，第 277～278 页。
② 〔德〕黑格尔：《法哲学原理》，范扬、张企泰译，商务印书馆，1961，第 302 页。
③ 《马克思恩格斯文集》第 3 卷，人民出版社，2009，第 559 页。
④ 《马克思恩格斯文集》第 10 卷，人民出版社，2009，第 106 页。

争，但是没有全面地认识阶级斗争，没有将阶级斗争提高到对资本主义社会根本性质和历史意义的认识中。资本主义社会是阶级对抗的最尖锐形式，因而具有阶级矛盾的最简单集中的表现，即无产阶级与资产阶级的直接对立。一方面，资产阶级代表着社会化大生产以生产资料集中于少数个别人手中的形式，这种形式使得资本主义生产的内部矛盾有着冲破自身的力量，资产阶级社会"现在像一个魔法师一样不能再支配自己用法术呼唤出来的魔鬼了"①。资本主义生产造成的工业文明和财富与少数人占有生产资料的生产方式之间的矛盾使得危机不可避免，而且一次比一次更加深刻和猛烈。另一方面，从无产阶级的方面来看，资本主义社会的特殊性在于无产阶级与以往对资产阶级的对抗都不同。在历史上，与资产阶级形成对抗的阶级包括贵族以及国内外形成竞争的资产阶级。而其他阶级如小工业家、手工业者、农民等中间等级随着大工业的发展而日趋没落，而无产阶级本身却随着大工业的发展不断壮大。相对于其他阶级，只有无产阶级是最革命的阶级，他们不是为了维护狭隘的本阶级的生存，而是为全人类的生存基础而斗争。这就使得推动历史进步的力量集中于无产阶级这一真正具有进步性革命意义的阶级中。

第三，资本主义社会是生产关系与社会化生产之间的极端矛盾形式。马克思曾指出，"资产阶级的生产关系是社会生产过程的最后一个对抗形式"②，资本主义社会是资产阶级占统治地位的社会，而资产阶级的生存依赖于财富在少数人手中的聚集，而这一聚集又是以生产力的社会化为基础又与其相互斗争中发展的。因此资本主义生产方式本身就是生产力社会化自身矛盾的不断极端化。在资本主义发展过程中，出现了股份公司、信用制度，直到资本家的辛迪加、卡特尔以及金融资本的巨大增长等都属于资本生产矛盾的发展形式，代表着社会财富的性质与私人财富的性质之间的对立。并且这种对立的发展愈加迅速，表征着资本主义生产内部矛盾愈加尖锐和集中，

① 《马克思恩格斯文集》第2卷，人民出版社，2009，第37页。
② 《马克思恩格斯文集》第2卷，人民出版社，2009，第592页。

这是以往任何一种生产方式所不能比拟的。

因此，基于以上三点资本主义社会的特质，资本主义社会构成"从后思索法"的历史的现实的考察起点，同时也是合理的逻辑的起点。如马克思所说，在以往的历史考察中，"所说的历史发展总是建立在这样的基础上的：最后的形式总是把过去的形式看成是向着自己发展的各个阶段，并且因为它很少而且只是在特定条件下才能够进行自我批判——这里当然不是指作为崩溃时期出现的那样的历史时期——，所以总是对过去的形式作片面的理解。……资产阶级经济学只有在资产阶级社会的自我批判已经开始时，才能理解封建的、古代的和东方的经济"①。可见，在前资本主义社会由于不具备这样的经济形态条件，并不构成"从后思索法"的合理立足点，这一方法既是资本主义的自我批判，更是对人类历史的客观考察，这一历史性阶段的特殊性决定了历史方法论的客观性和科学性。

三 批判黑格尔唯心主义历史观

黑格尔认为的真正的历史发展，本质上是精神的自我展开，以思维与存在之间的辩证运动为其外在表现形式。精神之于历史，并不是一种彼岸性的外部反思，在黑格尔这里，精神就是历史的本质。在前一种意义下的辩证法是历史的思辨辩证法，而黑格尔的辩证法则是后一种意义下的，是思辨历史的辩证法。

马克思指出，"黑格尔为什么把思维同主体分隔开来……如果没有人，那么人的本质表现也不可能是人的，因此思维也不能被看做是人的本质表现"②，当黑格尔分割了主体与思维之后，就能够把思维看作人的本质，而抛却作为自然存在物的人，抛却劳动的消极的方面，从而把思维作为历史的本质，同时，以脱离人化自然界活动着的人，也即呈现为自我运动着的纯粹概念体系，作为历史的运动本身。如此这般，黑格尔本质性地重建了从一种概念体系到另一种

---

① 《马克思恩格斯文集》第8卷，人民出版社，2009，第30页。
② 马克思：《1844年经济学哲学手稿》，人民出版社，2014，第280页。

概念体系的演进运动,也即重建了整个哲学史,在黑格尔那里,"哲学史的过程并不昭示给我们外在于我们的事物的生成(Werden),而乃是昭示我们自身的生成和我们的知识或科学的生成"①。每一种哲学都使真理得到一定程度的揭示,但只是片面的揭示,而不是全体而彻底的揭示。每一种后来的哲学都在克服前一种哲学的狭隘性的基础上,更前提性地建立起自己的哲学。也由此在自己的哲学基地之中,内在地推进了前一哲学所不能自我克服的界限。后一哲学也就更广泛或深刻地揭示出真理的新的方面。② 作为逻辑环节而更新发展着的诸哲学,其所展现出的"分歧和多样性,不仅对哲学本身或哲学的可能性没有妨碍,而且对于哲学这门科学的存在,在过去和现在都是绝对必要的,并且是本质的"③,作为大全的真理正是通过扬弃历史上种种片面的、抽象的哲学环节而完成了自身的展开。

在黑格尔看来,旧哲学的片面性在于:第一,没有把思维与存在相对立的本质视为一个矛盾运动过程;第二,没有把思维与存在的运动过程统一于将自身展开为世界历史的绝对精神之中;第三,没有认识到以往哲学与自身之间的辩证逻辑关系。从而诸哲学皆不能达到对全体的认识,不能将自身理解为真理全体的一个环节。

在《1844年经济学哲学手稿》中,马克思批判了黑格尔对旧哲学关系的第二个层面和第三个层面。"他指明了就其起源来说属于各个哲学家的一切不适当的概念的诞生地,把它们综合起来,并且创造出一个在自己整个范围内穷尽一切的抽象作为批判的对象,以代替某种特定的抽象。"④ 也就是说,黑格尔认为旧哲学只是真理的即绝对精神的个别环节,在绝对精神之中不仅能够认识真理本身,还

---

① 〔德〕黑格尔:《哲学史讲演录》第1卷,贺麟、王太庆译,商务印书馆,1959,第9～10页。
② 这里的前后,指逻辑上的先后,非时间上的前后。黑格尔认为,一种哲学虽然时间上在后,但是如果不能在逻辑上扬弃前一哲学体系所面临的片面性困境,则至多只能说是一种"通俗的空论"。
③ 〔德〕黑格尔:《哲学史讲演录》第1卷,贺麟、王太庆译,商务印书馆,1959,第25页。
④ 马克思:《1844年经济学哲学手稿》,人民出版社,2014,第279～280页。

能够使真理片面性发展的哲学环节得到清晰的校准。在黑格尔看来，尽管所有旧哲学家都宣称解决了思维与存在的对立而发现了真理，但是旧哲学家们将思维与存在的统一仍然建立在实体与意识、主观与客观世界之间的对立之上，仅仅停留于对不同层面的对立状态的解释，而不是将此理解为矛盾运动，这样不能上升为矛盾的对立状态，正是旧哲学"一切不适当的概念的诞生地"，进而各哲学不能达到对世界及其诞生过程的本质的理解，只能提出个别的、片面的理解，即形成"某种特定的抽象"，也可以被视为绝对精神自身有待发展的阶段性形态。这种大全式的综合就是绝对精神对真理本质的完成，即马克思所说："黑格尔把一般说来构成哲学的本质的那个东西，即知道自身的人的外化或者思考自身的、外化的科学，看成劳动的本质；因此，同以往的哲学相反，他能把哲学的各个环节加以总括，并称自己的哲学才是哲学。至于其他哲学家做过的事情——把自然界和人类生活的各个环节看做自我意识的而且是抽象的自我意识的环节——，黑格尔认为那只是哲学的行动。因此，他的科学是绝对的。"[1] 以往的哲学是片面的，因此只是"哲学"，黑格尔认为他的绝对精神哲学克服了所有哲学的片面性与抽象性，从而能够本质地推出整个自然界与世界历史在空间中与时间上的存在，在这个意义上，他称自己的理论体系为科学体系。正如黑格尔以思辨化的形式所指出的，以往哲学不过是"特定的抽象"，事实上，其绝对精神哲学同样也是一种特定历史条件下的"特定的抽象"。由此出发，后来马克思更进一步指出了黑格尔哲学与所有旧哲学的"不适当的诞生地"。

黑格尔之认为历史是客观精神的展开，是立足于资本主义生产的历史必然性，并立足于对日耳曼民族国家的理想形成了他的世界历史观。其根本上是没有看到资本主义生产的特殊性，并以之为一般性抑或普遍性的社会存在的规定。马克思恩格斯则区分了一般生产的概念与资本主义生产，"生产的一切时代有某些共同标志，共同

---

[1]　马克思：《1844 年经济学哲学手稿》，人民出版社，2014，第 264 页。

规定。生产一般是一个抽象，但是只要它真正把共同点提出来，定下来，免得我们重复，它就是一个合理的抽象"①。"生产一般"是一个初步抽象的概念，通过对它的"组成部分"和"不同规定"加以辨别，从而表征特定时代的生产形态，则就是一个合理的具体概念。而作为某一特定生产总体，其与历史上其他生产阶段的区别，就在于从"生产一般"上升到具有具体规定的生产概念的过程，具体规定构成总体的本质，因此"对生产一般适用的种种规定所以要抽出来，也正是为了不致因为有了统一……而忘记本质的差别"②。正是由于忽视了这一"本质的差别"，黑格尔虽然看到历史是人的活动，并且把劳动推广到历史领域中，但是他是将"生产一般"无差别地推广于一切历史阶段。因而，不同的历史阶段仅仅具有精神上的差别，这一精神上的差别反映在黑格尔的哲学中，即自由程度的不同。历史是人争取自由的历史，是从不自由的阶段，到逐渐更广阔范围内的自由，再到真正的自由的发展，黑格尔称之为"自由意识的进展"。而黑格尔所看到的自由，实际上是以个人与政治国家之间的关系为依据，并以此作为划分不同历史阶段的原则。如果说历史是人类的"自由进程"，那么黑格尔的自由指的是政治国家中的自由，从而导向形而上学的理路，而马克思恩格斯的出发点是人类在生产领域的自由，因而使得哲学从天国降至人间，完成了对黑格尔唯心史观的批判。

---

① 《马克思恩格斯文集》第 8 卷，人民出版社，2009，第 9 页。
② 《马克思恩格斯文集》第 8 卷，人民出版社，2009，第 9 页。

结　语

　　马克思恩格斯对黑格尔历史观的批判与超越，根植于对时代发展进程的具体考察与研究。在黑格尔时代，资本主义正处于蓬勃发展的上升期。黑格尔看到了资本主义摧枯拉朽的内在力量，并立足资本主义文明审视了整个人类历史的发展，其在历史方法论、历史内在规律的总结与发现上都有着不可替代的贡献。马克思恩格斯则站在对现代资本主义批判的立场上，超越了以黑格尔为代表的思辨的历史观。

　　黑格尔认为历史是有着内在客观规律的经验领域，对历史本质的把握要通过概念的抽象才能够完成。黑格尔批判当时历史编纂学家与经验主义者对历史的歪曲，指出偏颇的编纂学方法将对材料的占有等同于对历史本质的理解，在材料之间进行主观性的勾连。这种主观的联系既不能摆脱编纂者个人的主观臆断，又不能超越某一特定时代的狭隘眼界，从而难以避免地使得历史学只是停留在经验表象的领域，形式地套用历史范畴与历史精神。与之相反，黑格尔认为与这种形式主义相对的是辩证的方法，又称为"思维地考察的历史"，即通过历史本身的内在矛盾运动将历史揭示为一个自我阐明的过程。历史是普遍联系着的人类活动领域，只有将历史的全部展开过程进行完整的说明，才能系统地、辩证地理解历史的本质，即绝对精神的"活生生的过程"。对此，黑格尔将全部哲学，抑或哲学思维的功能比喻为"密涅瓦的猫头鹰"，只有在黄昏才能起飞，只有在世界完成了它在白日的进展，哲学的反思才会上场揭示世界进程的本质。在这个意义上，真理只有作为"大全"才是真正完成了统摄具体事物发展的普遍性精神体系。这一精神体系即历史本质自我展开的终点，黑格尔看到了资本主义国家与社会作为整个人类历史发展的文明成果的必然性，并将这种必然性上升为"最终真理"，由此构建了历史的最终状态。在已经自我完成的绝对精神中，黑格尔立足市民社会的永恒性，将资本主义国家视为人的主观自由与客观自由相统一的领域，它是市民社会矛盾的最终解决，是"行走在大地上的绝对精神"。进而黑格尔将世界历史划分为向现代资本主义自由国家发展的四个不同程度的自由阶段，即作为"一个人的自由——部分人的自由—普遍人的绝对自由"的"东方世界—希腊世界—罗马世界—日耳曼世界"的逻辑进程。

黑格尔虽然将历史阐明为自我运动的过程，但是他始终不可能完全摆脱资产阶级视域。一方面，他充分吸纳资本主义文明成果，体现了资产阶级曾在历史上起到的革命作用，这一点鲜明地反映在黑格尔的辩证法中；另一方面，黑格尔受制于他的时代局限性，不能站在完全超越资本主义而自我批判的高度，"始终拖着一条德国庸人的辫子"。马克思恩格斯则始终站在全人类解放立场上，透过黑格尔的资本主义国家观深入社会生产领域，发现了生产力与生产关系、经济基础与上层建筑的矛盾运动，真正确立了历史的客观性。历史的发展并不像先前的哲学家们所想象的那样是精神运动的结果，而首先是生产力与生产方式的发展所推动的。正如封建所有制社会是从农奴制的解体中产生的，资本主义制度同样是伴随着封建制度内在矛盾的崩溃而建立起来的。与被资本主义生产所取代的农奴制、封建制一样，资本主义社会同样不是人类历史的永恒形式，而是生产的社会化极大发展与生产资料私人占有之间的尖锐矛盾形式。马克思恩格斯立足社会基本矛盾，进一步指出了人类活动的主观能动性与客观规律性之间的辩证关系，从阶级关系中找到人们活动的动因，并指出资本主义社会是阶级斗争的最后一个对抗形式。伴随着无产阶级与资产阶级之间的矛盾发展，最终将取消一切阶级，实现社会对生产的自动调节，从而达到人与社会、人与自然的和解，真正实现人类的自由自觉的全面发展。

马克思恩格斯的历史发展观与历史本质论是立足于人类生产生活实践基础上的科学理论。在马克思主义理论与黑格尔思想研究中，往往存在两种倾向：一种是将马克思恩格斯思想"黑格尔化"，另一种则相反，将黑格尔哲学"马克思恩格斯化"。对于第一种倾向，虽然看到了马克思恩格斯对黑格尔哲学合理性的继承，但是忽视了二者的本质区别。如施密特认为"从黑格尔的总体性思想出发，马克思恩格斯把他们的历史过程理论发展为构成社会经济形态有规律的顺序"①，如此一来则掩盖了马克思恩格斯与黑格尔关于社会历史总体观的本质区别。这一问题又集中体现在辩证法问题上。黑格尔的辩证法将事物内在矛盾上升到事物发展的根本地位，但是内在于资产阶级狭隘视野的辩证法，是"不结果的花"。在对社会历史矛盾运动的把握中，不能深入生产领域，因而不能从实践活动中理解历史发展，而是从精神的自我展开、自我运动中理解历史的趋势、目的以及人的主观意志与客观必然性之间的关系。因此，在黑格尔那里，历史虽然具有客观的外在形式，但其内在立场与资本主义社会的历史发展的特殊阶段相一致。因而，在辩证法的合理形态上，对历史客观性的阐明，必然伴随着历史进程从资本主义生产方式的解体和继续发展。在第二种倾向中，往往认为黑格尔的辩证法可以不加以改造就可以运用到社会历史领域。这种倾向贬低了马克思恩格斯对历史作为一门关于客观性科学的贡献。黑格尔的历史观既不能揭示历史的无穷进展，更不能作为从事现实活动的人的"行动的指南"。马克思恩格斯对黑格尔哲学合理内核的扬弃，不是停留在形式主义的借用中，而是完整地将辩证法作为分析客观历史矛盾运动的科学方法。辩证法在黑格尔那里仍然保留着神秘的形式，不自觉地保留

---

① 〔德〕施密特：《历史和结构——论黑格尔马克思主义和结构主义的历史学说》，张伟译，重庆出版社，1993，第 15～16 页。

着预成论的倾向。而马克思恩格斯并未承诺给历史一个先验的决定论，抑或机械地规定了人类历史发展的必经阶段。与后一方法论不同，马克思恩格斯在分析历史进程时，尤其强调具体的历史条件。在对不同的民族国家发展道路的判断上，如果不全面而深入地考察具体的社会发展状况，是无法给出客观答案的。因此人类历史发展的道路是实践的结果，而不是既定的理论公式的套用。在这一点上，马克思恩格斯的共产主义理论、东方社会理论依旧充满着具有深刻洞见的理论生长点。在对特定历史发展阶段与特殊民族国家发展道路的分析中，也蕴含着马克思主义理论对历史认识论与研究方法论的深化，在回应当今世界历史发展问题上必将不断被发掘出新的理论价值。

参考文献

陈先达：《走向历史深处：马克思历史观研究》，中国人民大学出版社，2016。

丁建弘：《德国通史》，上海社会科学院出版社，2007。

韩立新：《〈巴黎手稿〉研究》，北京师范大学出版社，2014。

侯才：《青年黑格尔派与马克思早期思想发展》，中国社会科学出版社，1994。

黄楠森、庄福龄、林利主编《马克思主义哲学史》第1卷，北京出版社，1991。

李成旺：《历史唯物主义生成路径研究》，人民出版社，2017。

吕一民：《法兰西的兴衰》，三秦出版社，2005。

孙伯鍨：《探索者道路的探索》，南京大学出版社，2002。

孙熙国、孙蚌珠、张守民：《马克思主义基本原理前沿问题研究》，安徽人民出版社，2015。

吴晓明：《超感性世界的神话学及其末路》，中国人民大学出版社，2011。

吴晓明、王德峰：《马克思的哲学革命及其当代意义：存在论新境域的开启》，人民出版社，2005。

杨耕：《"危机"中的重建》，中国人民大学出版社，1995。

杨耕、陈志良、马俊峰：《马克思主义哲学研究》，中国人民大学出版社，2000。

〔法〕阿尔都塞:《保卫马克思》,顾良译,商务印书馆,2010。

〔德〕阿伦特:《过去与未来之间》,王寅丽、张立立译,译林出版社,2011。

〔德〕阿伦特:《马克思与西方政治思想传统》,孙传钊译,江苏人民出版社,2008。

〔加〕查尔斯·泰勒:《黑格尔》,张国清、朱进东译,译林出版社,2012。

〔德〕伽达默尔:《哲学解释学》,上海译文出版社,1994。

〔意〕葛兰西:《狱中札记》,葆煦译,人民出版社,1983。

〔德〕哈尔巴特·施奈德巴哈:《黑格尔之后的历史哲学》,浙江大学出版社,2014。

〔德〕海德格尔:《路边》,商务印书馆,2000。

〔德〕黑格尔:《小逻辑》,贺麟、王玖兴译,商务印书馆,1962。

〔德〕黑格尔:《精神现象学》上卷,贺麟、王玖兴译,商务印书馆,1962。

〔德〕黑格尔:《精神现象学》下卷,贺麟、王玖兴译,商务印书馆,1979。

〔德〕黑格尔:《历史哲学》,王造时译,上海书店出版社,1999。

〔德〕黑格尔:《法哲学原理》,范扬、张企泰译,商务印书馆,1961。

〔德〕黑格尔:《哲学史讲演录》第1卷,贺麟、王太庆译,商务印书馆,1959。

〔英〕卡尔·波普尔:《历史决定论的贫困》,杜汝楫、邱仁宗译,上海人民出版社,2009。

〔英〕柯林伍德:《历史的观念》,商务印书馆,1997。

〔英〕科恩:《卡尔·马克思的历史理论》,重庆出版社,1989。

〔捷〕科西克:《具体的辩证法》,社会科学文献出版社,1989。

〔法〕科耶夫:《黑格尔、马克思和基督教》,见《驯服欲望:施特劳斯笔下的色诺芬撰述》,华夏出版社,2002。

〔美〕克里斯多夫·约翰·阿瑟:《新辩证法与马克思的〈资本

论〉》，北京师范大学出版社，2018。

〔英〕克里斯多夫·约翰·阿瑟：《新辩证法与马克思的资本论》，北京师范大学出版社，2018。

〔匈〕卢卡奇：《历史与阶级意识》，商务印书馆，2009。

〔德〕路德维希·费尔巴哈：《费尔巴哈著作选集》上卷，荣震华、李金山译，商务印书馆，1984。

〔苏〕罗森塔尔主编《马克思主义辩证法史》，人民出版社，1982。

〔德〕洛维特：《世界历史与救赎历史》，生活·读书·新知三联书店，2002。

〔美〕M. C. Lemon（莱蒙）：《历史哲学：思辨、分析及其当代走向》，毕芙蓉译，北京师范大学出版社，2009。

〔德〕马尔库塞：《理性与革命》，重庆出版社，1993。

〔美〕诺曼·莱文：《不同的路径：马克思主义与恩格斯主义中的黑格尔》，北京师范大学出版社，2009。

〔美〕诺曼·莱文：《马克思与黑格尔的对话》，中国人民大学出版社，2015。

〔英〕R. H. 托尼：《宗教与资本主义的兴起》，赵月瑟、夏镇平译，上海译文出版社，2013。

〔德〕施密特：《历史和结构——论黑格尔马克思主义和结构主义的历史学说》，张伟译，重庆出版社，1993。

〔英〕汤因比：《历史研究》，刘北成、郭小凌等译，上海人民出版社，2000。

〔意〕维柯：《新科学》（上册），朱光潜译，商务印书馆，1989。

〔英〕沃尔什：《历史哲学导论》，北京大学出版社，2008。

〔俄〕亚历山大·赫尔岑：《来自彼岸》，刘敦健译，商务印书馆，2018。

〔捷〕伊·奥伊则尔曼编《辩证法史》（德国古典哲学分册），每日出版社，1982。

李成旺：《历史唯物主义的超越对象与超越路径》，《马克思主义与现实》2014 年第 5 期。

李佃来：《论马克思市民社会理论的两种逻辑》，《哲学研究》2010 年第 12 期。

李艳艳：《马克思恩格斯历史发展动力观的理论超越及其当代启示》，《马克思主义研究》2019 年第 1 期。

聂锦芳：《"现实的个人"与"共同体"关系之辨——重温马克思、恩格斯对一个重要问题的阐释与论证》，《哲学研究》2010 年第 11 期。

孙熙国：《唯物史观的创立与人的本质的发现——从〈关于费尔巴哈的提纲〉一处误译谈起》，《哲学研究》2005 年第 11 期。

唐正东：《马克思拜物教批判理论的辩证特性及其当代启示》，《哲学研究》2010 年第 7 期。

王德峰：《马克思意识概念和生产概念的存在论探源——兼论海德格尔对马克思的批评》，《复旦学报》（社会科学版）2001 年第 6 期。

夏莹、崔唯航：《改变世界的哲学现实观》，《中国社会科学》2014 年第 8 期。

张盾：《黑格尔与马克思历史观的关系——黑格尔历史原理的"显白教诲"》，《马克思主义与现实》2008 年第 2 期。

张盾、刘招明：《黑格尔和马克思的"世界历史"概念》，《马克思主义与现实》2009 年第 3 期。

张梧：《〈资本论〉对黑格尔辩证法的透视与重构》，《哲学研究》2019 年第 4 期。

张严：《实践哲学视角下的"外化"——〈巴黎手稿〉对黑格尔外化理论的解读与超越》，《学习与探索》2018 年第 12 期。

邹诗鹏：《青年马克思超越启蒙传统的理路》，《社会科学》2016 年第 11 期。

Cohen, Gerald Allan, *Karl Marx's Theory of History: A Defence*, Oxford: Clarendon Press, 2000.

Horstmann, Rolf-Peter, "The Role of Civil Society in Hegel's Political Philosophy," in *Hegel on Ethics and Politics*, eds. Robert B. Pippin and Otfried Höffe, trans. Nicholas Walker, Cambridge and New York: Cambridge University Press, 2004.

Leopold, David, *The Young Karl Marx: German Philosophy, Modern Politics, and Human Flourishing*, Cambridge: Cambridge University Press, 2007.

Rosenkranz, Karl, *Georg Wilhelm Friedrich Hegel's Leben*, Berlin: Duncker und Hunblot, 1844.

中共中央党校（国家行政学院）
马克思主义理论研究丛书书目

第一批（11 册）

探求中国道路密码	张占斌/著
对外开放与中国经济发展	陈江生/著
国家治理现代化的唯物史观基础	牛先锋/著
中国道路的哲学自觉	辛 鸣/著
历史唯物主义的"名"与"实"	王虎学/著
马克思主义中国化的理论逻辑	李海青/著
发展：在人与自然之间	邱耕田/著
马克思主义基本原理若干问题研究	王中汝/著
马克思人学的存在论阐释	陈曙光/著
新时代中国特色新型城镇化道路	黄 锟/著
比较视野下的中国道路	张 严/著

第二批（12 册）

马克思主义经典著作与当代中国	赵 培/著
马克思主义政治经济学与当代中国经济发展	蒋 茜/著
马克思早期思想文本分析	李彬彬/著
出场语境中的马克思话语	李双套/著
当代资本主义新变化	张雪琴/编译
当代马克思主义若干问题研究	崔丽华/著
中国道路与中国话语	唐爱军/著
历史唯物主义的返本开新	王 巍/著
新时代中国乡村振兴问题研究	王海燕/著
被遮蔽的马克思精神哲学	王海滨/著
论现代性与现代化	刘莹珠/著
青年马克思与施泰因	王淑娟/著

第三批（6 册）

异化劳动与劳动过程	毕照卿/著
政党治理的逻辑	柳宝军/著
身份政治的历史演进研究	张丽丝/著
西方马克思主义文化批判理论研究	张楠楠/著
马克思利润率趋向下降规律研究	周钊宇/著
马克思恩格斯对黑格尔历史观的批判与超越	朱正平/著

图书在版编目（CIP）数据

马克思恩格斯对黑格尔历史观的批判与超越／朱正
平著.-- 北京：社会科学文献出版社，2024.1（2024.9 重印）
（中共中央党校（国家行政学院）马克思主义理论研
究丛书）
ISBN 978 - 7 - 5228 - 2805 - 3

Ⅰ.①马… Ⅱ.①朱… Ⅲ.①马克思主义 - 历史观 -
研究②恩格斯（Engels，Friedrich 1820 - 1895）- 历史观
- 研究③黑格尔（Hegel，Georg Wilhelm Friedrich
1770 - 1831）- 历史观 - 研究 Ⅳ.①A811.692②B516.35
③A811.63

中国国家版本馆 CIP 数据核字（2023）第 219936 号

中共中央党校（国家行政学院）马克思主义理论研究丛书
马克思恩格斯对黑格尔历史观的批判与超越

著　　者／朱正平

出 版 人／冀祥德
责任编辑／袁卫华
责任印制／王京美

出　　版／社会科学文献出版社（010）59367215
　　　　　　地址：北京市北三环中路甲 29 号院华龙大厦　邮编：100029
　　　　　　网址：www.ssap.com.cn
发　　行／社会科学文献出版社（010）59367028
印　　装／唐山玺诚印务有限公司

规　　格／开 本：787mm×1092mm　1/16
　　　　　　印 张：11.25　字 数：155 千字
版　　次／2024 年 1 月第 1 版　2024 年 9 月第 2 次印刷
书　　号／ISBN 978 - 7 - 5228 - 2805 - 3
定　　价／98.00 元

读者服务电话：4008918866

🛆 版权所有 翻印必究